寅恪

陳寅恪印

陳寅恪集

書信集

生活·讀書·新知三聯書店

圖書在版編目（CIP）數據

陳寅恪集. 書信集／陳寅恪著. —3 版. —北京：生活·讀書·新知三聯書店，2015.7 （2021.7 重印）
ISBN 978－7－108－05406－7

Ⅰ. ①陳… Ⅱ. ①陳… Ⅲ. ①陳寅恪（1890～1969）－文集 ②陳寅恪（1890～1969）－書信集 Ⅳ. ① C52 ② K825.81

中國版本圖書館 CIP 數據核字（2015）第 132041 號

封面所用拓片文字節自一九二九年立於清華大學內王國維紀念碑碑銘（陳寅恪撰文，林志鈞書丹）

陳寅恪集編者　陳美延
責任編輯　孫曉林　潘振平
封扉設計　陸智昌
版式設計　寧成春
責任印制　董　歡
出版發行　生活·讀書·新知 三聯書店
（北京市東城區美術館東街二十二號）
郵　　編　一〇〇〇一〇
經　　銷　新華書店
印　　刷　北京新華印刷有限公司
版　　次　二〇〇一年六月北京第一版
二〇〇九年九月北京第二版
二〇一五年七月北京第三版
二〇二一年七月北京第十次印刷
開　　本　六三五毫米×九六五毫米　十六開
印　　數　三五，五〇一－四〇，五〇〇冊
字　　數　一九六千字　印張　十八·七五
定　　價　七十五元

出版説明

陳寅恪（一八九〇——一九六九），江西修水人。早年留學日本及歐美，先後就讀於德國柏林大學、瑞士蘇黎世大學、法國巴黎高等政治學校和美國哈佛大學。一九二五年受聘清華學校研究院導師，回國任教。後任清華大學中文、歷史系合聘教授，兼任中央研究院理事、歷史語言研究所研究員、第一組主任及故宫博物院理事等，其後當選為中央研究院院士。一九三七年「蘆溝橋事變」後挈全家離北平南行，先後任教於西南聯合大學、香港大學、廣西大學和燕京大學。一九四四年被選為英國科學院通訊院士。一九四二年後為教育部聘任教授。一九四六年回清華大學任教。一九四八年南遷廣州，任嶺南大學教授，一九五二年後為中山大學教授。一九五五年後并為中國科學院哲學社會科學學部委員。

陳寅恪集十三種十四册，收入了現在所能找到的作者全部著述。其中寒柳堂集、金明館叢稿初編、金明館叢稿二編、隋唐制度淵源略論稿、唐代政治史述論稿、元白詩箋證稿、柳如是别傳七種，八十年代曾由上海古籍出版社出版。此次出版以上海古籍版為底本（隋唐制度淵源略論稿、唐代政治史述論稿二書原據三聯書店一九五七年版重印），内容基本不變。惟寒柳堂集增補了「寒柳堂記夢未定稿（補）」一文。詩集（原名陳寅恪詩集附唐篔詩存）和讀書札記一集（原名陳寅恪讀書札記舊唐書新唐書之部）八九十年代分別由清華大學出版社和上海古籍出版社出版，此次出版均有增補。書信集、讀書札記二集、讀書札記三集、講義及雜稿四種均為新輯。全書編輯體例如下：

一、所收內容，已發表的均保持發表時的原貌。經作者修改過的論著，則採用最後的修改本。未刊稿主要依據作者手跡錄出。

二、本集所收已刊、未刊著述均予校訂，凡體例不一或訛脫倒衍文字皆作改正。引文一般依現行點校本校核，如二十四史、資治通鑑等。尚無點校本行世的史籍史料，大多依通行本校核。少量作者批語、論述係針對原版本而來，則引文原貌酌情予以保留。以上改動均不出校記。

三、凡已刊論文、序跋、書信等均附初次發表之刊物及時間，未刊文稿盡量注明寫作時間。

四、根據作者生前願望，全書採用繁體字豎排。人名、地名、書名均不加符號注明。一般採用通行字，保留少數異體字。引文中凡為閱讀之便而補入被略去的內容時，補入文字加〔 〕，凡屬作者說明性文字則加（ ）。原稿不易辨識的文字以□示之。

陳寅恪集的出版曾得到季羡林、周一良、李慎之先生的指點，並獲得海內外學術文化界人士的熱情相助。在此，謹向所有關心、支持和參與了此項工作的朋友表示衷心的感謝，並誠懇地希望廣大讀者批評指正。

生活·讀書·新知三聯書店二〇〇〇年十二月

陳寅恪集總目

史語所同人合影於北平北海靜心齋
一九二九年秋
前排左二：陳寅恪，右二：吴亞農，右一：陳鈍（立）
二排左一：李濟，左二：朱希祖，左三：傅斯年，右三：趙元任，右二：羅常培（立），右一：丁山（立）
三排左二：容庚，左三：徐中舒

聯園春讌合影
一九三三年於北平
前排左起：陶湘、楊鍾羲、伯希和、柯劭忞、孟森
後排左起：譚祖任、朱叔琦、楊心如、陳寅恪、尹炎武、陳垣

陳寅恪治眼疾無效後返國，暫住南京薩家灣七號俞大維寓所，候船北上，與兄弟姊妹等合影

一九四六年秋

前排左起：夫人唐篔、次妹新午、幼女美延、七弟之女

後排左起：七弟方恪、八弟登恪、七弟婦、五兄隆恪、寅恪、長妹康晦

與王力合影於嶺南大學九家村「仰光屋」樓下寓所前

一九四九年春

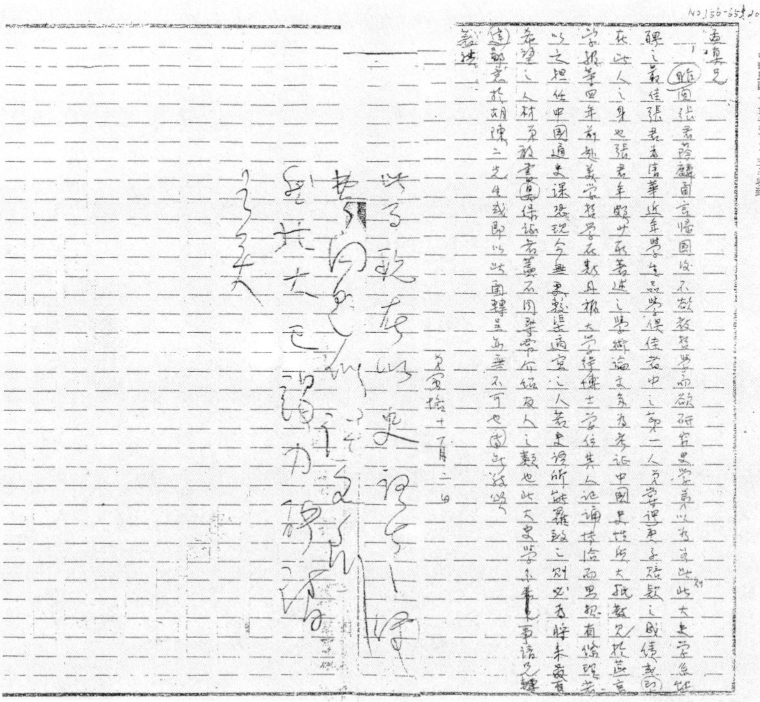

孟真兄：

頃見張君蔭麟自言回國後不欲教哲學而欲研究史學，弟以為此大史學系能聘之最佳。張君為清華近年學生品學俱佳者中之第一人，弟嘗謂庚子賠款之成績或在此人之身也。張君年頗少，所著述之學術論文多為考證中國史之作，大抵散見於燕京學報等。四年前赴美學哲學，在斯丹福大學得博士學位。其人記誦博洽而思想有條理，若以之擔任中國通史課，恐現今無更較適宜之人。若史語所能羅致之，則必為將來最有希望之人材。弟敢書具保證者，蓋不同尋常介紹友人之類也。此大史學系事請兄轉商適之、孟和二先生或即以此函轉呈亦無不可也。此頌

著祺

弟寅恪 十一月二日

此可致[illegible]史[illegible]

[illegible]

[illegible]先已請力[illegible]

斯年

致傅斯年函（二十五）

函末大字爲傅斯年批語

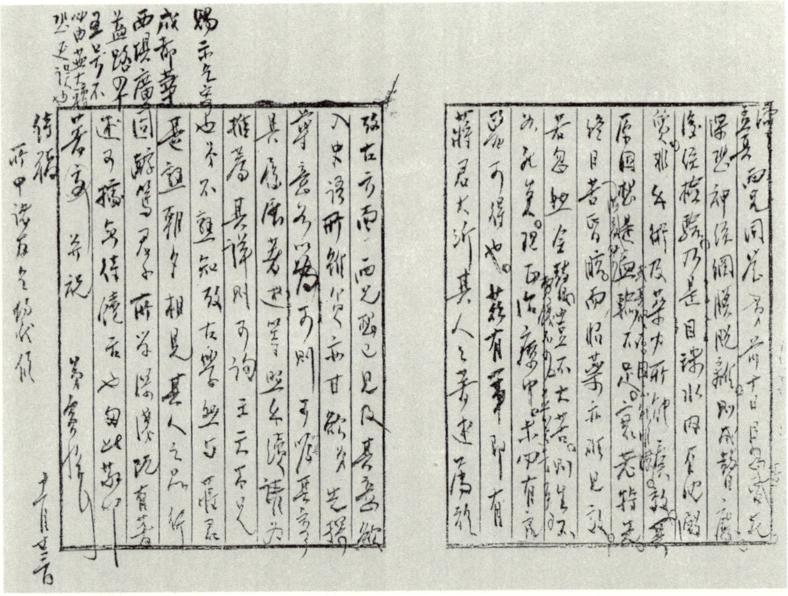

致傅斯年函（六十二），此函寫畢三週後，因雙目失明入院

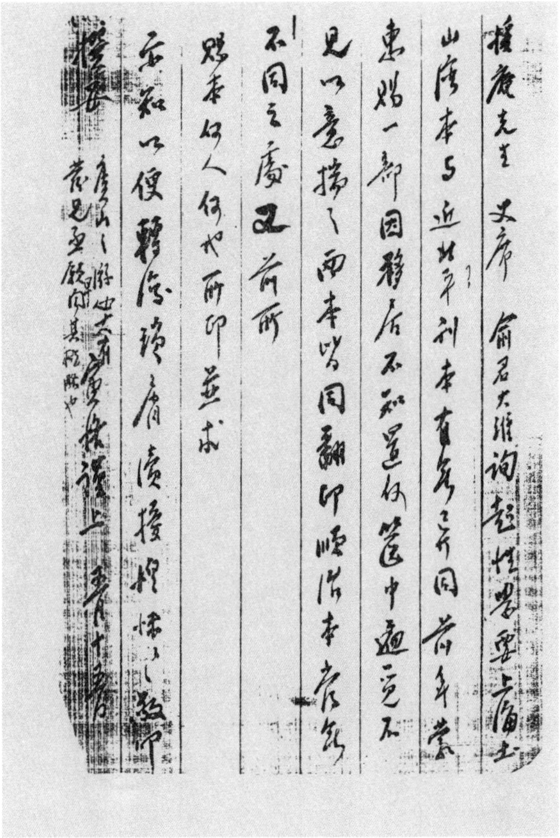
援庵先生文席：俞君大維詢超性學要上海土山灣本與近北平刊本有無之異同。前年蒙
惠賜一部，因移居不知置何篋中，遍覓不見，以意揣之，兩本當同，翻印時據他本否？能
不同之處，又前所
賜本何人何地所印，並求
示知，以便轉答俞君。瀆擾，惶悚惶悚。敬叩
著安
寅恪謹上 [illegible]月十[illegible]日
彥和之游心文苑[illegible]其[illegible]也

致陳垣函（十七）

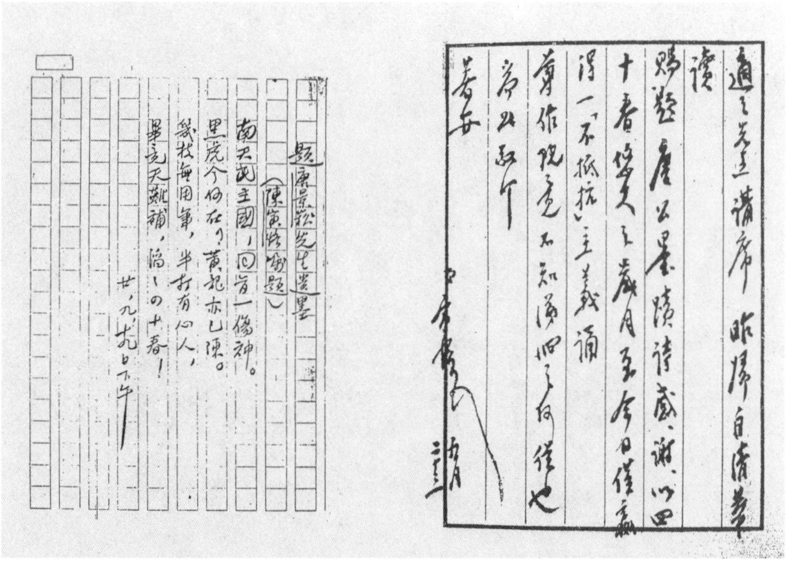

適之先生講席：昨得自清兄轉讀
賜題唐公墨蹟詩，感謝感謝。四十春悠悠之歲月至今日僅贏得一「不抵抗」主義，誦
尊作既竟，不知涕泗之何從也。
專此敬叩
著安
寅恪謹啟 二十三

題唐景崧先生遺墨
（陳寅恪敬題）
南天民主國，回首一傷神。
黑虎今何在？黃龍亦已陳。
幾枝無用筆，半打有心人，
畢竟天難補，滔滔四十春！
廿，九，廿九日下午

致胡適函（四）
左頁為胡適手書「題唐景崧先生遺墨」

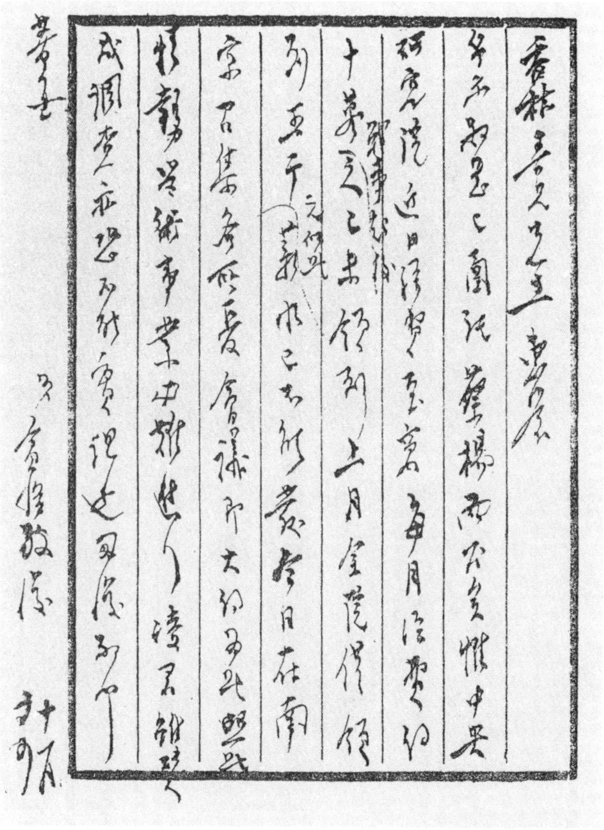

致羅香林函（六）

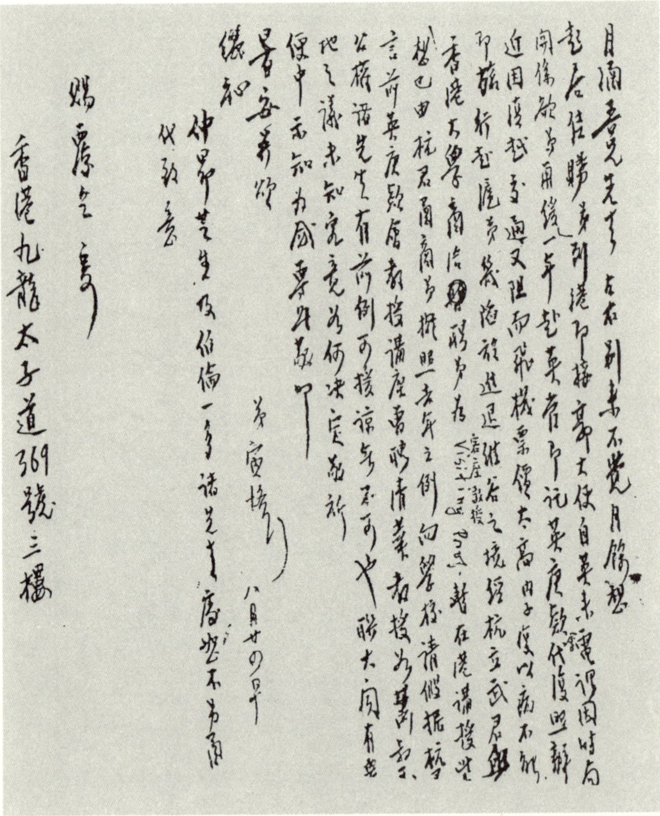

致梅貽琦函（六）

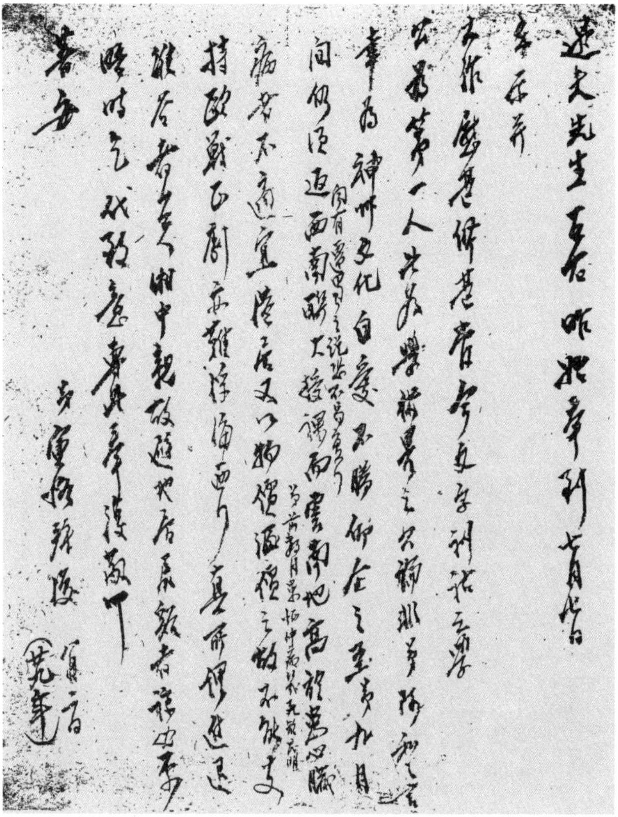
遇夫先生左右：昨承奉到七月廿日
手示并
大作，歡慰佩甚。當今文字訓詁之學
公為第一人，此為學術界之公論，非弟阿私之言。
幸為神州文化自愛，不勝仰企之至。弟九月
聞有留中山大學之說，然不易實行
間仍須返西南聯大授課，而雲南地高，於患心臟
病者不適宜，港居又以物價漲猛之故，不能支
弟前數月來桂中研所不允教示明
持，致戰正劇，亦難移滇西，真所謂進退
維谷者也。湘中親故避地居桂林者諸君，
暇時乞代致意，專此奉復，敬叩
著安
弟陳寅恪頓首
二日

致楊樹達函（二）

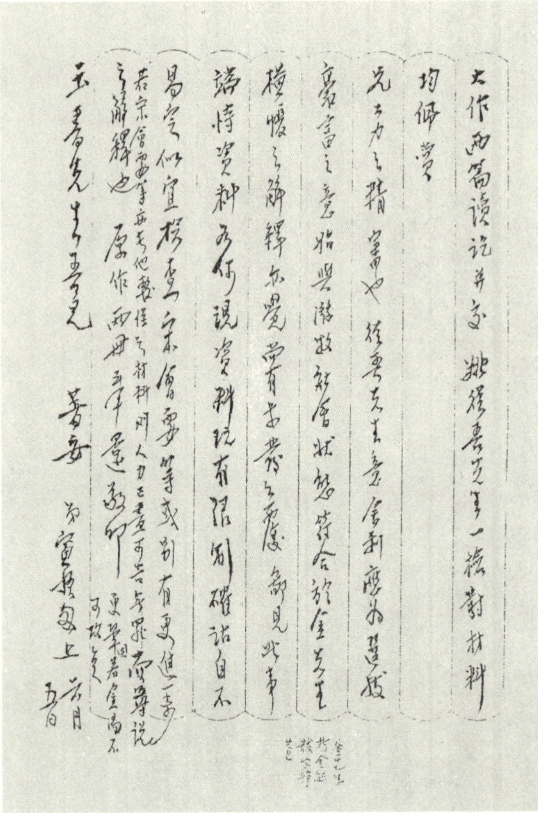
大作兩篇讀訖并交姚從吾先生一讀對材料
均佩賞
先生之精審也 從吾先生意舍利應為[illegible]
蒙古之意[illegible]符合於金先生
橫帳之解釋亦覺常有未妥之處 鄙見此事
請待資料及傳說資料稍有限制確詁自不
易定 似宜檢查宋會要等或別有更進一步
[illegible]
之解釋也 原作兩冊[illegible]敬叩
[illegible]
著安
弟寅恪[illegible]上 六月五日
[illegible]

致陳述函（十五）

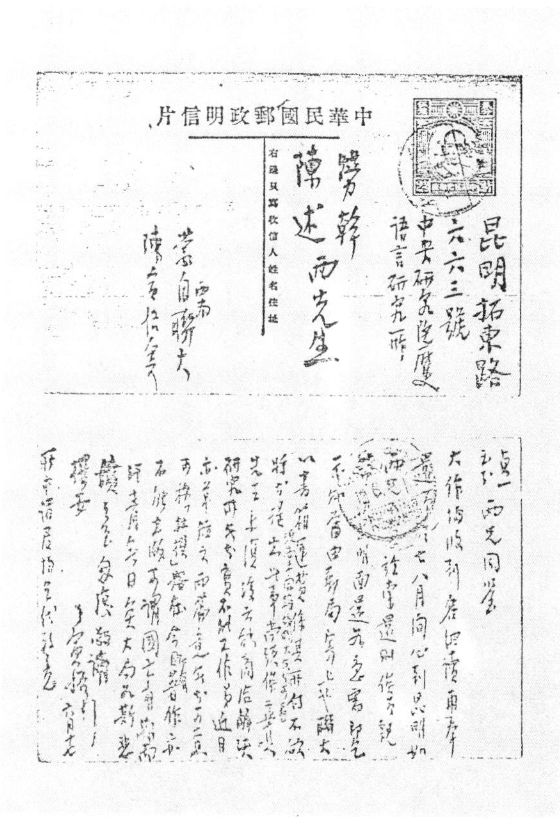
中華民國郵政明信片

昆明拓東路六六三號
中央研究院歷史語言研究所
勞幹
陳述 西先生

右邊只寫收信人姓名住址

蒙自聯大
陳寄

致勞幹、陳述函（七）

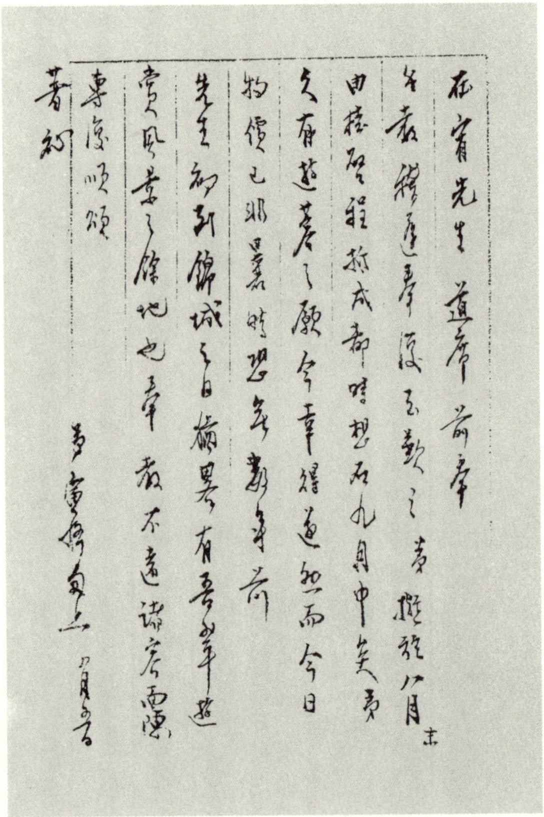

在宥先生道席：前奉手教，猥蒙過譽，復承款款之意。擬於八月末由桂啓程赴成都，時想在九月中矣。弟久有遊蜀之願，今幸得遂，知而今日物價已非曩時，想[illegible]難[illegible]前先生初到錦城之日，頗異於昔年遊賞風景之勝地也。幸教不遺，諸容面陳。專復，順頌

著祉

弟寅恪頓首 七月五日

致聞宥函（六）

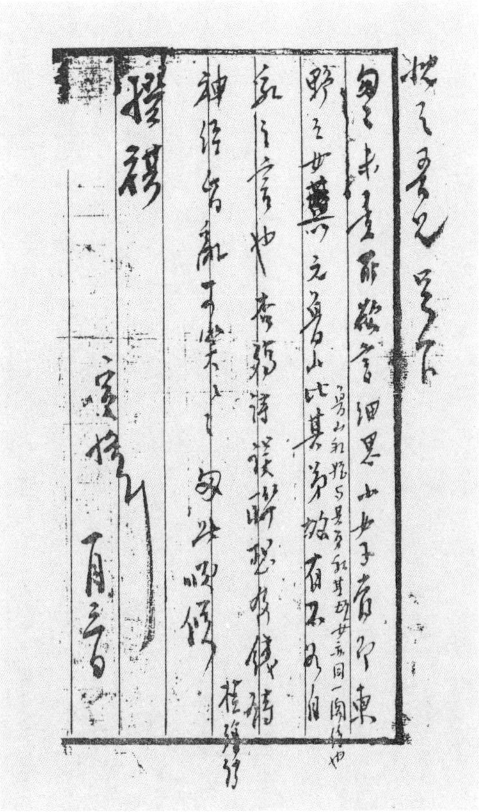

致華忱之函

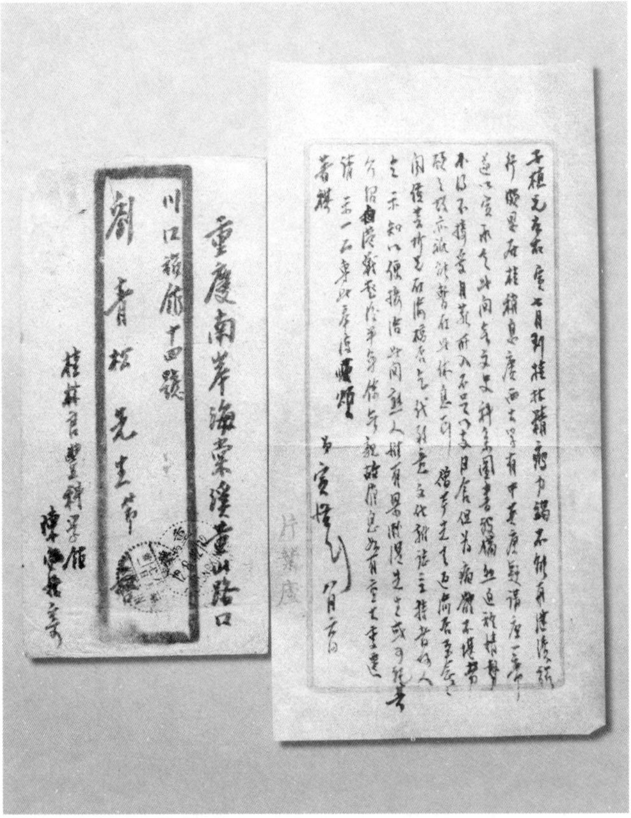

致劉節函（二）

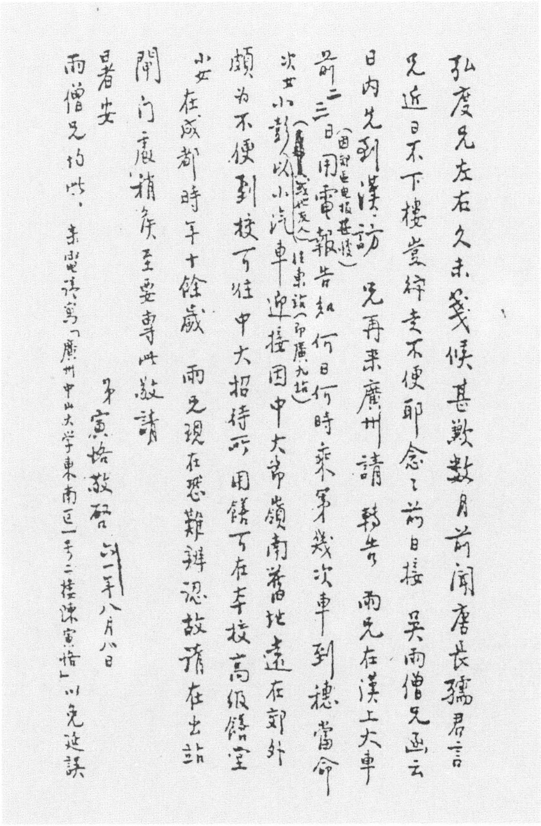
弘度兄左右：久未箋候，甚歉。數月前聞唐長孺君言
兄近日不下樓，豈痔患不便耶？念念。前日接吳雨僧兄函云
日內先到漢訪兄，再來廣州。請轉告雨兄，在漢上火車
前二、三日（因郵局電報甚慢）用電報告知何日何時乘第幾次車到穗，當命
次女小彭（或其友人）以小汽車迎接（往東站（即廣九站））。因中大爲嶺南舊地，遠在郊外，
頗爲不便。到校可住中大招待所，用膳可在本校高級膳堂。
小女在成都時年十餘歲，雨兄現在恐難辨認，故請在出站
閘門處稍候，至要。專此敬請
暑安
弟寅恪敬啓 六一年八月八日
雨僧兄均此。 來電請寫「廣州中山大學東南區一號二樓陳寅恪」以免延誤

致劉永濟函（五）
唐篔代筆

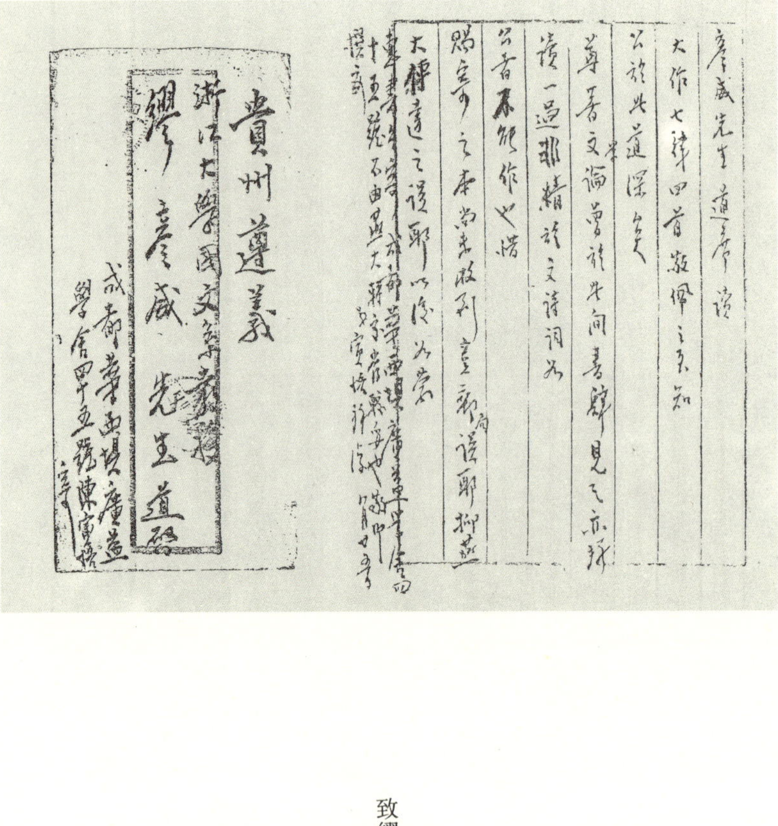

彥威先生道席：讀
大作七律四首，敬佩之至，知
公於此道深矣。
尊著文論曾於半年前書肆見之，亦稍
讀一過，非精於文詩詞如
公者不能作也。諸
賜寄之本尚未收到，豈郵局遺失耶？抑
大轉寄之誤耶？以後如蒙
[illegible]
貴州遵義
浙江大學國文系教授
繆彥威先生道啓
成都華西壩廣益
學舍四十五號陳寅恪寄

致繆鉞函

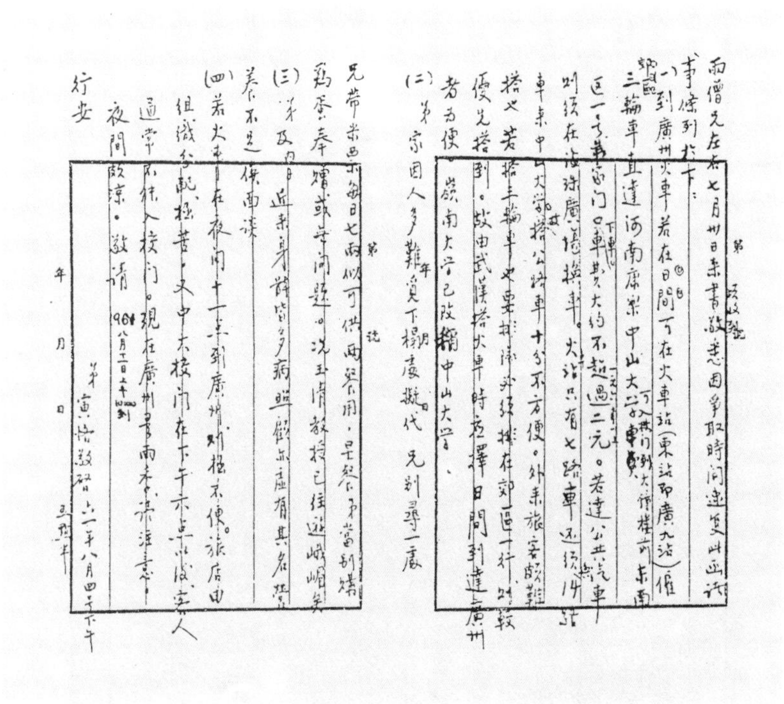

雨僧兄左右：七月卅日来書敬悉。因争取時間速復此函，諸事條列於下：
(一)到廣州火車若在日間(白日)，可在火車站(東站即廣九站)僱三輪車直達河南康樂中山大學(可入我們到大鐘樓前東南郊區一號弟家門口下車)，車費大約不超過二元。若達公共汽車則須在海珠廣場換車。火站只有七路車，還須14站。車來中山大學。搭公路車十分不方便。外來旅客較難搭火。若搭三輪車也要排隊，排在郊區十行，則較優先搭到。故由武漢搭火車時應擇日間到達廣州者為便。嶺南大學已改縮中山大學、
(二)弟家因人多，難覓下榻處，擬代兄別尋一處。兄帶米票每日七兩似可供兩餐用，早餐弟當別備雞蛋奉贈，或無問題。沈玉清教授已往遊峨嵋矣。
(三)弟及內子近來身體皆多病，照顧亦虛有其名，營養不足，僅可談。
(四)若火車在夜間十一點到廣州，則極不便。旅店由組織分配，極苦。又中大校門在下午六點即閉，客人通常不能入校門。現在廣州[illegible]，夜間較涼。敬請
行安
弟寅恪敬啓 六一年八月四日下午五點半
1961 八月七日上午10:00到

致吳宓函（二一）
唐篔代筆

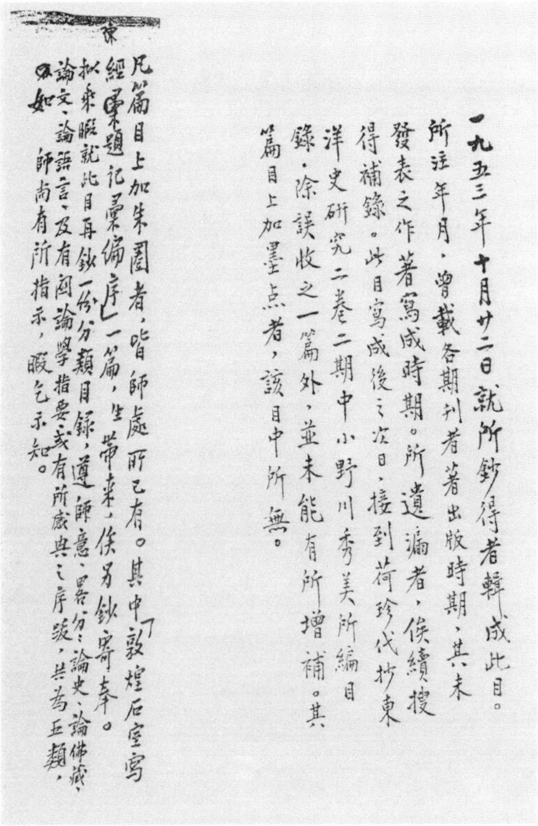
陳

一九五三年十月廿二日就所鈔得者輯成此目。所注年月，曾載各期刊者著出版時期，其未發表之作著寫成時期。所遺漏者，俟續搜得補錄。此目寫成後之次日，接到荷珍代抄東洋史研究二卷二期中小野川秀美所編目錄，除誤收之一篇外，並未能有所增補。其篇目上加墨点者，該目中所無。

凡篇目上加朱圈者，皆師處所已有。其中「敦煌石室寫經題記彙編序」一篇，生帶來，俟另鈔寄奉。擬乘暇就此目再鈔一份分類目錄，遵師意，略分：論史、論佛藏、論文、論語言、及有關論學指要或有所感與之序跋，共為五類，如師尚有所指示，暇乞示知。

致蔣天樞函（二）

唐篔代筆

左五行爲蔣天樞手書

凡例

一、書信的編集，以受信人為單位。同一受信人的書信，按時間先後排列。各人之先後，一般按每人第一封信的時間先後排列。個別内容相關或關係密切者，排在一起。

二、書信的出處，原件、複印件，或録自書刊等等，均一一在信末注明。

三、各信盡量考定具體時間。能確定者，在該函署名後月日之上用括號注明年份，大致估計者，注約某年，不能確定者，只注月日。

四、原函没有標點，整理時均加標點，酌為分段。凡提行、空格、謙稱、着重號等書信行款格式，悉如其舊，以符原意。陳先生失明後的書信，由先生口述，多由夫人唐篔代筆，這部分書信，仍按先生習用格式謄録。

五、書刊所發表的陳先生書信文字，如有原手迹可供對照者，個別異文詞意雖然可通，但仍按原手迹訂改，以存其真，不另作説明。

六、信中偶有筆漏之字，加〔　〕補入。疑為誤字，加（？）表示，明顯的筆誤之處予以改正。個別異體字、俗寫字改用通行字。

七、每一受信者均盡可能加以簡介，重點介紹陳先生與其通信時的情況。
八、信中涉及的人名字號等，一般在首次出現時酌加注釋。

目次

與妹書（節録）〔一〕

我前見中國報紙告白，商務印書館重印日本刻大藏經出售，其預約券價約四五百圓。他日恐不易得，卽有，恐價亦更貴。不知何處能代我籌借一筆款，爲購此書。因我現必需之書甚多，總價約萬金。最要者即西藏文正續藏兩部，及日本印中文正續大藏，其他零星字典及西洋類書百種而已。若不得之，則不能求學，我之久在外國，一半因外國圖書館藏有此項書籍，一歸中國，非但不能再研究，并將初着手之學亦棄之矣。我現甚欲籌得一宗巨款購書，購就即歸國。此款此時何能得，只可空想，豈不可憐。我前年在美洲寫一信與甘肅寧夏道尹，託其購藏文大藏一部，此信不知能達否。即能達，所費太多，渠知我窮，不付現錢，亦不肯代墊也。西藏文藏經，多龍樹馬鳴著作而中國未譯者。即已譯者，亦可對勘異同。我今學藏文甚有興趣，因藏文與中文，係同一系文字。如梵文之與希臘拉丁及英俄德法等之同屬一系。以此之故，音韻訓詁上，大有發明。因藏文數千年已用梵音字母拼寫，其變遷源流，較中文爲明顯。如以西洋語言科學之法，爲中藏文比較之學，則成效當較乾嘉諸老，更上一層。然此非我所注意也。我所注意者有二：一歷史（唐史西夏），西藏即吐蕃，藏文之關係不待言。一佛教，大乘經典，印度極少，新疆出土者亦零碎。及小乘律之類，與佛教史有關者多。中國所譯，又頗難解。我偶取金剛經對勘一過，其注解自晉唐起至俞曲園止，其間數十百家，誤解不知其數。我以爲除印度西域外國人外，中國人則晉朝唐朝和尚能通梵文，當能得正確之解，其餘多是望文生義，不足道也。隋智者大師天台宗之祖師，其解悉檀二字，錯得可笑（見法華玄義）。好在台宗乃儒家五經正義二疏之體，説佛經，與禪宗之自成一派，與印度無關者相同，亦不要緊也。（禪宗自謂由迦葉傳心，係據護法因緣傳。現此書已證明爲僞造。達磨之説我甚疑之。）舊藏文既一時不能得，中國大藏，吾頗不欲失此機會，惟無可如何耳。又蒙古滿洲回文書，我皆欲得。可寄此函至北京，如北京有滿蒙回藏文書，價廉者，請大哥五哥代我收購，久後恐益難得矣。

（原載一九二三年八月學衡二十期文録）

〔一〕「與妹書（節録）」、「與劉叔雅論國文試題書」、「與董彦堂論殷曆譜書」，這三函已收入金明館叢稿二編（上海古籍出版社，一九八二年二月第二次印刷本）中，現録入書信集。

寅恪有妹三人，一曰康晦，二曰新午，三曰安禮。信末大哥指衡恪，五哥指隆恪。

致徐炳昶

虛生兄：頃讀考古專號馬〔一〕黃〔二〕兩先生興化寺壁畫考證。關於時代一節，略有疑義，謹以質諸
仲良
叔平先生。
第十一頁第一行「歷代記年月之法，未有不書元號者，此畫但書大元國戊戌而無年號，必係太宗十年之
戊戌」云云。
按：世祖至元八年十一月乙亥建國號曰大元，若係太宗十年，似無稱大元國之理，然則此戊戌非大德
二年即至正十八年也。
右述理由　兄閱過如覺無不妥之處，請
即轉致。專此恭叩
撰安
弟寅恪頓首　十三日〔三〕

（録自北京大學研究所國學門月刊第一卷第五號通訊欄，一九二七年二月廿日發行）

徐炳昶(一八八八——一九七六)　字旭生，筆名虛生，河南唐河人。時任北京大學教務長、哲學系教授。

〔一〕馬先生即馬衡(一八八一——一九五五)，字叔平，浙江鄞縣人。時主持故宫博物院古物館。

〔二〕黄先生即黄文弼(一八九三——一九六六)，字仲良，湖北漢川人。時於北京大學研究所國學門研究考古學、西北史地學等。

〔三〕據北京大學研究所國學門月刊發行日期推算，此函應寫於一九二六年十一月至一九二七年一月間。

致袁同禮

手卷中文係賢愚經第一卷之一段。此經爲六朝時河西沙門八人在于闐聽講時所撰集，并非翻譯成書，故可寶貴。詳見僧佑出三藏記集第九卷賢愚經序。手卷回文（書法不甚古，書用毛筆，驟視以爲蒙古文）中有菩提薩等字，當是佛經。但手卷既已割裂，裝裱時又有錯亂顛倒，殊未易知其爲何經也。

昨夜匆匆翻閱一過，既無參考書籍，又值學校鬧風潮，未能詳考，尚乞諒之。匆上，即叩

守和吾兄先生

撰安

弟寅恪頓首　十三日〔一〕

元代國書，係本藏文，非本畏兀吾文，王晉老〔二〕跋語有誤。

（北京圖書館藏敦煌卷子號碼新一五七〇〔三〕内含陳寅恪致袁同禮信札一通，榮新江先生提供複印件）

袁同禮（一八九五——一九六五）　字守和，河北徐水人。時任北平圖書館副館長。

〔二〕據清華風潮推算，此函可能寫於一九二七年十一月十三日。

〔三〕王晉老指王樹枏，字晉卿。

致容庚

一

希白先生執事：姜君[一]文一篇，欲登燕京學報，謹介紹於

公，即乞

詧覽。專此，敬請

撰安

弟寅恪頓首（約一九二八年）三月十三日

附姜君文一册。

（廣東省中山圖書館特藏部提供一至九函影印件）

容　庚（一八九四——一九八四）　字希白，號頌齋，廣東東莞人。時任燕京大學中文系襄教授，主編燕京學報。

〔一〕姜君指姜亮夫（一九〇二——一九九五），原名寅清，以字行。云南昭通人。

二

希白先生：清華研究院學生朱君芳圃譯有日人評論瑞典高本漢中國音韻學一文，欲登載燕京學報，請
弟介紹與
尊處，弟以爲高本漢之音韻學風靡一世，評論其書之文尚不多見，似宜介紹於中國學術界。惟朱君賣文之意欲於短期内得現款以應急需。若能登載於最近將出版之燕京學報方可。前聞斐雲兄言，此次燕京學報佳稿甚多，有美不勝收之概，恐已無餘地再容納他稿，如待至下期則又不能救朱君之急，因此躊躇不決，特此奉詢。如今年六月出版之燕京學報尚可容納，弟即囑其即日繕就送呈（其文甚長，現尚繕寫未完），以備
公鑒定去取，或先將鈔寫完畢之部分送上亦可，敬乞
示復爲感。瑣屑瀆陳，尚希

原宥爲幸。恭請

撰安

弟寅恪頓首（約一九二八年）廿四日

三

希白先生道鑒：久不侍

教，敬念敬念。茲有戴君家祥及顔君虚心皆前年清華研究院學生，戴君則

公所知，而顔君則

貴同鄉也。弟欲代介紹於學校授國學課，不知有機緣否？顧頡剛先生如已北來（如已北來，即乞　示

知），擬託其轉薦於廣州中山大學。若燕京或其他學校，不論職務如何，務求

公一言以增兩君之身價（以公爲文字學專家故也），不勝感激之至。專此奉懇，敬請

著安

子通
地山〔一〕諸公乞代致意。

弟　寅恪謹言（一九二八年）五月五日

〔一〕黄子通、許地山，時任教燕京大學，任燕京學報編委。

四

希白先生講席：前介紹戴君家祥及顔君虚心於頡剛先生，已承允諾。頃接戴君來函詢問消息。頡剛先生近在何處，公如知其住址，即乞代爲轉詢，以便答復也。前聞傅君〔一〕言，研究所函已發出，公收閲否？尊意如何，諸俟面談。匆此，敬請

著安

弟　寅恪謹白（一九二八年）八月九日

令妹乞代致意。

弟下禮拜二擬乘車赴滬，不久即歸。

〔一〕傅君指傅斯年。

五

希白先生撰席：

大作携歸與徐、董〔一〕二君共讀之，甚佩，甚佩。惟據二君之意，以爲門類分合，似略有可商，材料亦尚可增補。弟於此學無所通解，固不能判擇其説之當否，亦不能記憶其要旨所在。擬請其與公會談一次，以備公之參考。下星期六至清華當將大著奉還，并請以移林館刻闞特勤碑見借一讀，至感至感。匆叩著安

令妹乞代問候。

弟寅恪頓首七日〔二〕

〔一〕徐指徐中舒，董指董作賓。

〔二〕五、六、七、八函，時間在一九二八至一九三三年之間。

六

欲借日本雜誌一册，聞王桐齡〔一〕先生有之，不識可借一觀否？如公與之無往來，請托貴校與王先生有交誼者代借如何？

專此奉懇，敬叩

希白先生著安

弟 寅恪頓首 十八日

〔一〕王桐齡，曾任北京師範大學等校教授。

七

頃斐雲兄來言刻古籀餘論〔一〕，弟近況極窘，無力刻書，又校對奇字亦無能爲役。若公能刊行，天下最善之事莫過於是，惟須得孫氏許允後方可從事，不然恐有轇轕也。

耑此，敬請

希白吾師先生　著安

弟　寅恪頓首　十四

〔一〕古籀餘論，清孫詒讓撰。孫氏當為孫詒讓後人（孫莘農）。

八

昨晚歸家，始奉　手示，因前已有他約，電話又不通，致勞久候，歉疚之至。今日頭暈不能説話，故未授課，更不能出門。今下午三時之約乞暫取消，稍遲當再偕斐雲兄詣談。

專此奉告，敬叩

希白先生吾師著安　諸希

原宥爲幸

弟寅恪頓首　十四

九

希白先生著席：清華哲學系主任言，僅能聘張君[一]半年。弟又見其致吴雨僧君函欲治史之故，即轉向北大及史語所兩方面介紹，今得傅、陳[二]二君復函，附上，乞

詧覽。并求速轉達爲荷。匆此，敬叩

日祉

弟寅恪頓首　（一九三三年）十一月十二日

[一]張君應為張蔭麟，留美學西洋哲學，而愛治史，一九三三年歸國任教清華大學哲學系。

[二]傅，指傅斯年。陳，指陳大齊。

致傅斯年

一*

孟真吾兄執事：晨起奉

尊電，敬悉一切。鋼和泰[一]已爲美國哈佛大學聘定，不日即啓程赴美。前數月，北京燕京哈佛共分得Hall遺產後，推派代表數人往美商議辦法。其時鋼君適得哈佛請其擔任梵文功課之聘書，燕京已支鋼路費等。鋼君不願久留美，大約居住數月，即往歐洲，一年後再來中國。渠現已得安南法人東方學校（L'Ecole française d'extrême orient）及英人金錢之助，可以自立門户，欲自創一Sino-India Institute。不知來（？）電所言爲何事，然彼目前必須赴美則不成問題。弟年來居京，獲其教益不少（學問不博，然而甚精）。彼雖暫去，仍可再來，似亦無妨也。前次渠託弟代致謝忱；此次雖未見之，渠心感謝無疑也。專此奉復，即請

著安

弟寅恪頓首（一九二八年）五月四日

因(一)鋼君赴美之局已定。又(二)以情形繁雜，非電文所能言清者[三]。(四)近狀甚窘，發電又須借錢。(五)且進城方能發電，故以快信代電，乞

諒詧爲幸。

金甫諸兄，乞代致意。

傅斯年(一八九五——一九五〇) 字孟真，山東聊城人。時任國立中央研究院歷史語言研究所所長。是寅恪表妹夫。

案：陳寅恪致傅斯年函件有七十七通，除二通注明出處外，其餘七十五通來自臺灣中央研究院歷史語言研究所王汎森先生從該所檔案及傅斯年檔案中所檢出者，先後分三次提供打印件和原函複印件。打印件文字偶有錯漏，已按複印原函作了訂正。王汎森先生在幾點說明中談及，第十二件是陳寅恪所寫，因以史語所口氣，故自稱陳委員，並在括號中注明「鄙人」。第十五件，原件未署名。第十六件是一張紙片，係陳寅恪向傅斯年介紹可以考慮進用的青年學人。此外，第十件致中舒，第二十二件致驥塵，第四十四件致恭三，第五十八件致簡叔廉君及第六十五件致九妹四弟，這五函原本與傅斯年有關，仍附於致傅函中，不另抽出。信後附注，標明「王注」者，係王汎森先生來件原有。其餘附注，為編者所加。信件的編年，參照王汎森先生編定的次序有所調整，編者略作注釋說明。凡第幾函旁有星號者，係編者據原函複印件謄録，并審定編年。

〔一〕鋼和泰（Staël－Holstein，一八七七——一九三七）愛沙尼亞（Esthonia）人，時在北京大學任教梵文及印度古宗教史。
〔二〕此代電原文無（二）。

二

頃有兩事奉告：

一、前清華研究院出身之戴君家祥，於古文字學確有心得，因渠本孫仲容〔一〕先生之姻家子，後從王觀堂先生游，故有殷周字例之作，現雖未完成，而其他種解釋龜甲文、金文之著作，亦散見於清華國學論叢，現在上海無所事事，欲求介紹於廣州中山大學朱騮仙〔二〕、劉奇峰〔三〕兩公，而弟素未通問，不便作書，即請　兄代爲推薦，必能勝任，不致貽薦者之羞。且弟與戴君甚熟，若其不得事，必來北平，又無以對付之，敢請撥冗作一書致朱、劉　兩公爲感，爲感！

二、浦君江清〔四〕至今尚未得清華聘書，弟已催志希〔五〕，亦尚〔未〕得其復音，如清華不再聘浦君，則須改中央研究院，此節乞　兄預爲之地，因八月浦君若不接清華聘書，則中央研究院似宜由八月起即致浦君一聘函。此事雖未能確定，然總希望志希能繼續浦君聘書，免歷史語言所多出一分薪水，或再少待，然不能不預備耳。

擬購日本書數種，另單附上，乞

察覽。弟擬禮拜二乘車赴上海，不久便歸。集刊文兩篇亦標點，迄稍遲再鈔呈一二篇求教也。

孟眞兄

弟 寅頓首（一九二八年八月）十日

藤田元春
尺度綜考

濱田青陵
支那古明器泥象圖説

松岡靜樹
日本古俗誌
日本言語學

伊波普東
琉球古今記

以上書發行所爲東京神田區駿河臺。

語所如有錢，商務印道藏似宜購。因此書僅此一印本，或已售罄，將來恐無再印之時，佛經尚易得，如無多錢，購佛不如購道也。

尊意如何？

弟 寅（一九二八年八月）十二日[六]

[一]孫詒讓字仲容，清季金石文字學家。

〔二〕朱家驊字騮先（此函作騮仙），時任國立中山大學校長。

〔三〕劉奇峰，時任國立中山大學文科主任、英語系教授兼系主任。

〔四〕浦江清，畢業於南京東南大學，入清華學校研究院國學門任助教，後改任清華大學中文系助教（繼而任講師）。

〔五〕羅家倫字志希，時任清華大學校長。

〔六〕此函王汎森排在一九二九年末，而戴家祥於一九二九年九月已在中山大學任教（見中山大學教員名册）。故此函應寫於一九二八年八月十日及十二日（參見致容庚函四）。

三〔一〕

孟眞吾兄先生：前寄一函由上海中央研究〔院〕轉，内附日本雜誌名單，并請歷史語言研究所以公函致清華，即叙述所内通信約字第三號所言各節，想已收到，敬乞　速辦爲感。

頃李君宗侗〔二〕來言，歷史語言研究所房子以「御史衙門」（都察院？）爲適當，弟即請其代索。購買檔案事，則因有燕京大學競争故，（上略）李木齋〔三〕欲得三萬元，玄伯意若以政府之力强迫收買，恐李木齋懷恨在心，暗中扣留或毁損，且須在國府通過一條議案，極麻煩費事。因大學院已批准二萬元，再與李木齋磋商減價，大約二萬餘（數千）元即可買得。此二萬元由大學院原案所批准款項内撥付，所餘之數千元由歷史語言研究所出；如一時財力不及，則與之磋商分期交付。弟以爲此物如落入燕京之手，殊不佳妙，且聞有八千麻袋之多，將來整理明清史料必不可少之資料，尊意如何？若以玄伯所言爲然，即請速覆一函。李木齋住天津，弟未往見，因未得十分把握，亦不能太空洞與之談，即談亦無益也。近聞趙萬里〔四〕言，見敦煌卷子有抱朴子，并聞李木齋亦藏有敦煌卷子甚佳者，秘不示人。趙萬里現編一目錄，專搜求關於敦煌著述，如能成書，當可供參考。

弟家眷約一月後方可北來，俟來後，即移居城中，現正看房子，惟極不易得合宜者。兄年內或明春能來此一游否？匆此敬請

著安

寅恪頓首（一九二八年）十月

〔一〕致傅函三、四、五、七、八、九之次序，根據向李木齋購買檔案經過而排定，與王汎森編排有異。

〔二〕李宗侗字玄伯，時任農礦部參事。

〔三〕李盛鐸字椒微，號木齋，晚清、民初官員，收藏舊籍頗豐。

〔四〕趙萬里字斐雲，時任北平北海圖書館中文採訪組組長和善本考訂組組長，兼中央研究院歷史語言研究所特約研究員。

四

孟真吾兄先生〔一〕：

一、購檔案等事已另函。

二、校廣韻事已具一函交故宮博物委員會。據云北大在太高殿或可入校，惟至多限量能費錢若干？乞 示知，如能入校，即可包與人校鈔。

三、中代曆問題支那學第四卷第三卷新城新藏有一文題曰「周初之年代」，乃獻於王靜安先生墓前者，弟已囑人譯迄，現在商務印書館印刷，并附有討論之文二篇。又新城別有一文論春秋的曆時，登在狩野博士還曆中，弟亦囑人迻譯。〔二〕惟清華所購本寄商務書館印刷（因表字太細，商務須得原書參考）。弟初讀新城文時，以爲此問題已解決，後來細閱，乃知仍有問題，目召誥若無譌字，即周初已有閏月，〔三〕而新城之根據失矣，其餘據Gppolzer表推算，皆弟久欲試算而未作者。至春秋時代年曆問題，天南遯叟（王韜，奇人也）在英時已有推算頗佳；新城則更進步矣。匆復敬請

著安

弟 寅恪（一九二八年）十月廿日

援庵〔四〕先生信已交去，從吾〔五〕兄處亦復一函。

〔一〕此頁空白處另有附語：「一切經音義早已購寄，收到否？」——王注

〔二〕此頁空白處另有附語：「此書清華未有，弟借閱得之。此間北海圖書館有之，但廣州儘可購一部。」——王注

〔三〕此句旁有附語：「不在年終更不解。」——王注

〔四〕援庵，陳垣字。

〔五〕從吾，即姚從吾。

五

孟真吾兄先生：

手示敬悉。檔案二萬元已議定，惟昨接杏佛〔一〕先生電，謂年内只能付一萬，囑與李君商議。李已往奉天，不日即歸。據馬叔平〔二〕先生言：已與李有成約，須年内付清。弟已將此意告杏佛，謂不妨從院款撥墊，蓋杏佛謂所款不敷故也。頃于君道泉〔三〕來云，在德人處見有持賣蒙文書一部，乃乾隆時續藏時（？）之一册，此書今所知者，只庫倫一部。然此書在北京印行（今絕不見蹤跡），誠

世界之瓌寶也。但賣此類書人，只願意賣與外人，最怕中國人知。現無從得知何人持有此書，大約是蒙古王公府中僕人盜賣。弟託人暗中打聽，如杏佛年內不肯撥款，李木齋又不肯讓步，則移此款之一小小部分（至多數千），亦可購得此奇書。蓋現在佛經之研究爲比較校刊（勘？）學，以藏文校梵文，而藏文有誤，更進一步以蒙文校之，又核以中文或稍參以中央亞細亞出土之零篇斷簡，始成爲完全方法。弟前擬以蒙文佛所行讚校藏文本（今梵文本眞僞雜糅，非以藏文校讀不可），而久不能得，雖託俄人往蒙古庫倫代鈔，迄不能致。今遇此機會，但中國人必不能與外人兢（競？）財力，又不能以强力奪之，恐終無成也。又于君甚精藏語，又兼治蒙文，實不可多得之人才。現在北海圖書館，月僅三十元，甚不敷用；前年弟每月借錢與之，他時歷史語言所北平分所中似可以用，此人斷不至爲羊公不舞之鶴，請放心用。又聊城楊氏[四]之書已出賣，約數萬元即可得其最精之北宋書。然中國無此能力，終必爲日人所購去，因其間有難以國家之力行之者。始知端午橋[五]當日買丁氏[六]書，保存許多善鈔本舊書於南京爲不可及也。匆上，即請

著安

弟　寅恪頓首〔一九二九年〕二十四日

弟接到哈佛聘書，囑授華梵比較之學，弟以與中央研究院有著書之約辭之矣。聞胡適之先生亦被

邀，聞亦不去，不知確否？

〔一〕杏佛即楊杏佛，時任中央研究院總幹事。
〔二〕馬衡字叔平，時任故宫博物院理事兼博物館副館長。
〔三〕于道泉，當時中央研究院歷史語言研究所擬聘人員。
〔四〕楊以增字益之，山東聊城人，清道光進士，生平嗜藏書，所藏數十萬卷，建海源閣藏之。
〔五〕端方字午橋，清滿洲正白旗人，歷任清兩江總督及通商事務大臣等要職，喜收藏古物書畫。
〔六〕丁丙字嘉魚，清錢塘人，家有嘉惠堂，富藏書。

六

孟眞吾兄先生足下：昨前兩日連發函電，諒先達覽。援庵先生函附上，乞察閲。其所擬辦法，想無不可行，因敦煌組非援庵擔任不可。一因渠現爲此北平圖書館之負責任者；二爲渠已先下過工夫，他人若從事於此，尚須重費與陳前所費過之工夫，太不經濟；三、陳君學問確是可靠，且時時努力求進，非其他國學教員之勇以多教鐘點而絶無新發明者同也。陳現居

西城翊教寺二號，并以奉
聞。

弟
寅恪頓首（一九二九年一月？）三十一日

七

孟眞兄：頃通易公司電匯來一萬元，即以中央研究院歷史語言研究所名義，用活期存款存於此間大陸銀行，俟李君歸來再與磋商。現燕京與哈佛之中國學院經費頗充裕，若此項檔案歸於一外國教會之手，國史之責託於洋人，以舊式感情言之，國之恥也。匆上敬請
著安

弟
寅恪頓首（一九二九年）二日

八

孟眞吾兄先生：頃知李木齋君已返津，年內不來北平。據其來書之意，欲俟兩萬元到齊然後商定。蓋

彼或疑不能付清此款，好在此款不久可來，俟來時再與之商量，當可如願。頃有前清華研究院學生，現南開教員謝國楨來談，以其所作晚明及清初史籍考及黨社始末等稿本[一]，交弟閱看，始知其於此頗費力，搜集所關逸書遺事，頗有爲弟所不知者，而黨社事尤關重要，將來所購之檔案，其時代適在明末清初，與之相符合，或可以此人爲助。此人固國民黨，然曾在梁任公家教書，此節若就事論事，似亦不妨。目前因關於此時代稍有研究者不多，如用一普通之人，則時代背景不熟，必致與檔案所載有關之書籍了無所知，考證整理，勞而少功，此節弟亦不執著，姑備一說於此，再暗中多覓相當之人以備選擇，乞勿宣布，至要！至要！

弟近日草「吐蕃彝泰贊普名號年代考」一文，即蒙古源流研究之一，俟寫正後再寄呈求教（因作此書校注至第二卷有與唐書相關者，引用拉薩唐蕃會盟碑之藏文以校正新舊唐書吐蕃傳等也）。近患胃病，迄未愈，幾於百事俱廢，奈何！　匆上敬請

著安

弟　寅恪頓首（一九二九年）二月九日

[一]此頁空白處另有附語：「義師本末、寫遼事，及鄭成功、吳三桂事變。」——王注

九

孟眞兄鑒：廣州臨行前一函，頃收到。此時想已到滬矣。前日送交李木齋一萬，既已收款，即已購定矣。李即欲將物交付，因天津一部分存寄檔案，房屋之主人欲索還屋，故李亦急於賣去，免再覓屋之煩。此乃李之内情，弟前日方由彼處得知者。其中有一部分爲羅叔藴[一]所清出即印出之史料，然極少數，其餘必未打開清理。此檔案中，宋板書成册者，大約在歷史博物〔館〕時爲教育部人所竊，歸羅再歸李，以後則尚無有意的偷盜，因其勢有所不可。李據實告弟，謂祇開過兩包，故此節不甚可慮。又我輩重在檔案中之史料，與彼輩異趣，我以爲寶，彼以爲無用之物也。但房屋未覓妥，竟無法收受此椿檔案。前次所請撥之屋已不甚好，然皆不能成。此事非 蔡先生[二]出力與 兄來此不可。前次一紙空電，竟未發生效力，故宫博物院之房屋，易寅村[三]尚不肯給，其餘較佳之處，大約須 蔡先生與閻錫山、商震[四]輩交涉，然後方能得之也。

于道泉君月薪百元，當可辦到。彼現與嘛剌（喇嘛？）往來至繁，於蒙藏音韻語言之學，極有興趣，必可造之材，且爲人能吃苦，諒必不敢爲羊公不舞之鶴也。餘事非面談不可，函中不便多說。惟「匯其他一萬元」及「覓屋」二事，乞 特別注意爲感。匆復，敬請

旅安

弟 寅（一九二九年）三月一日

已付李公一萬元，乞告杏佛先生，彼已書一收條，俟再付一萬後，將與二次之收條一同寄院存案。李藏檔案，天津有一部分，非特別請鐵路局撥車運不可，此事弟已轉託古物保管委員會北平分會，即馬叔平，俟付清二萬及房屋定後，才能進行，目前亦空空預備以待而已。

〔一〕羅振玉字叔蘊，古文字學家。

〔二〕蔡先生即蔡元培，字孑民，時任中央研究院院長。

〔三〕易培基字寅村，時任故宮博物院院長。

〔四〕閻錫山、商震都是當時北方軍政首領人物，閻曾兼任北平故宮博物院理事。

十

中舒先生：敝親汪君孟舒，人極好學謹慎，素治中國古樂。前在北平圖書館閱覽舊書，今圖書館新章，

須學術機關擔保，請援上次顧、葛諸君例，轉告孟眞先生照式填寫蓋章送下〔一〕，以便轉交爲感。匆此
奉懇，敬叩
著安

弟　寅恪拜懇（一九二九年）四月廿一

附保證書式。

附保證書式

逕啓者，茲保證汪孟舒前赴
貴館善本閱覽室研究古琴音律問題，所有開具各項事實均屬實情，對於
貴館各項規則之遵守，保證人願負完全責任。此致
國立北平圖書館

保證人　某機關或學校代表簽署蓋章

徐中舒（一八九八——一九九一）　安徽懷寧人。一九二六年清華國學研究院畢業。時在中央研究院歷史語言

研究所任職。

〔一〕此行旁有：「此事弟對所負介紹之責任」數語。——王注

十一

（前闕）

途中（南京）遇李光明君，言擬於禮拜五動身來平，將於禮拜日上午十時五十分到正陽門車站，請公遣聽差一人往接，因李君尚未到過北平也，特此轉達。又，俞君兩公文皆暫留，因尚不能決定，詳情容面罄。

孟眞兄

弟 寅頓首（一九二九年）廿八日正午

十二

（前闕）

七月二十四日下午四點鐘，故宮博物院專門委員陳寅恪、趙萬里身掛該院徽章至景山故宮博物院分院，將欲入内，該門第二隊第十七號守護警察大聲呵止，形色獰惡。陳、趙君（吾等）示以徽章，彼仍不許。陳君（鄙人）即詰以本院專門委員佩有本院徽章，何以不能入内？該警謂係假冒，陳委員（鄙人）即示以名片及徽章號數，令其查檢是否假冒。該兵擲片不視，勢欲打人。方争持間，該分院門口站立之職員出面調處。陳委員（鄙人）即跨進院門，該警大呼「那個委員回來！徽章給我！」陳委員（鄙人）即回至院門該警站立之處，該兵用力將陳委員（鄙人）所佩徽章扯斷，即持扯斷之一段於手中，陳委員（鄙人）詰問以何理由扯去徽章？該兵亦無理由可答。後故宮博物分院之職員向該警將徽章索回轉交陳委員（鄙人），陳委員（鄙人）即將扯斷之徽章送至故宮博物院秘書長及總務長處存案備查，以爲物證，趙萬里君及同時目睹諸君爲人證。

此事本係意在參看景山中陳列清帝畫像，以應本研究所前者所委託，今出此意外，擬請所中向故宮博物院提出一辦法。

十三〔一〕

（一九二九年）

逕啓者：頃據敝所第一組主任陳寅恪先生函開：

本所爲舉行史料編輯等事，於北京各處史料應知其存儲，以備用時前往參考。前經本所以此事委託鄙人隨時辦理，茲於七月二十四日下午四時，協同本所特約編輯員趙萬里先生行經景山故宮博物院分院，見有佩故宮博物院徽章者自由出入，鄙人與趙先生本係故宮博物院專門委員，且當時身帶徽章，思即入内，該門第二隊第十七號守護警察大聲呵止，形色獰惡，吾等示以徽章，彼仍不許；鄙人即詰以本院專門委員佩有本院徽章，何以不能入内？該警謂係假冒。鄙人即示以名片及徽章號數，令其查檢是否假冒；該兵擲片不視，勢欲打人。方爭持間，該分院門口站立之職員出而調處。鄙人即跨進院門，該警大呼：「那個委員回來！徽章給我！」鄙人即回至院門該警站立之處，該兵用力將鄙人所佩徽章扯斷，即持扯斷之一段於手中，鄙人詰問以何理由扯去徽章？該兵亦無理由可答。後故宮博物分院之職員向該警將徽章索回，轉交鄙人，鄙人即將扯斷之徽章送至故宫博物院秘書長及總務長處，存案備查以爲物證，趙萬里君及同時目睹諸君爲人證。此事本係意在參看景山古蹟，以應本研究所前者所委託。今出此意外，擬請所中向故宫博物院提出一辦法。

等因准此。敝所前者對陳寅恪先生實有此項委託，今竟因而出此意外，敝所對陳先生不勝抱歉之至。此事一面因陳、趙二君係貴院委員，應是貴院内事，而二面陳、趙二君又係敝所所員，故亦與敝所不無關係。據敝所同人意見，以爲該警如此無理，如不飭革嚴辦，似無以安專門學者之心。爲此函達

貴院，擬請將該警斥革。若該警係公安局管理，敝所亦深願協同

貴院一齊向公安局交涉，此固敝所對敝所同人應負之責任也。夙仰

貴院隆重文化、厚禮學者，似此意外，必有以直之，此必

貴院及敝所雙方同心者也。如何辦理？即希見復爲荷。此致

故宫博物院

國立中央研究院歷史語言研究所所長

（一九二九年）

(一)此函源自上一函，故附於此，以資參閱。

十四

孟真兄：有二事奉商條列於左：

一、擬請北海圖書館職員李德啓君（通滿洲文）每週二次至午門歷史博物館檢查滿文檔案，月送車費洋八元或十元。

二、請一蒙古人充書記，專鈔寫蒙、滿、藏文件及其他有關事項。普通書記月約二十元，此蒙人恐非月三十元不可(一)，因頃與于君道泉商議，欲將中藏歷史上有關地名藏文原文及現在處所加以研究，而前編纂西藏之著作者人名及書名目錄已經完竣，一部分亦可交其繕寫（藏文正體）整齊，以便付之石印也。

弟 寅（一九二九年）九月十日

〔一〕此頁空白處另有附語：「此款或即在整理檔案費内開支。」——王注

十五

孟眞兄：

一、昨與徐、于諸公偕往觀故宫滿文老檔中，僅有三册似是原文，擬請于君用所中名義，照其有漢字對照之前數頁，以便將其與現在滿文不同之處認清，庶幾可以再作進一步之研究。現今老檔尚不能讀，且無材料，若有所得，亦一歷史語言學上之發明也。擬求
公用公函託沈李二公，弟已告于君，
尊意想必贊同也。

二、所中整理檔案所得之實錄，由今各方面關於清初史料發現之情形言之，可推定爲第一等重要材料（鄙意費大力購買及整理之結果所得者，一爲此項實錄，二爲三法司之口供中關於當日社會經濟情狀，當時之記載），似不可不急發表。近見羽田所印永樂大典站赤門實只用照像石印，所費不多，而與珂羅版無大異。此項實錄非將其歷次改塗增删之原狀全部發表，無以見其僞造之實狀及演變之歷程。至考證一節，一時殊未易着手（史料未備，如朝鮮實錄等等皆不能見），故暫且先將

其刊印，且可供給於東洋史學界，而表現史語所成績也。昨已與中舒先生言之，尊意如何？乞　決定。弟因小女仍未痊，近復失眠不消化，故亦病廢矣。匆叩

著安

〔一九二九年〕〔一〕

〔一〕原件未署名。——王注

十六[二]

戴家祥	文字學、金石學，現無事。
陳守寔	近代中國史（明清）（現在上海大厦〔夏〕大學教書）。
王　庸	中西交通史、地理（能看英、法、日文書，故常識較富，現在暨南教書）。
顔虛心	古代音樂、尺度等考據、永嘉哲學等（現擬到陳援庵處整理圖書，月僅三十元，不過暫局）。
劉　節	古代史、金石考證等（現在南開教書）。
吳其昌	史學（宋代學術、制度）、目錄學等。聞廣東已聘，就否未定。因渠現與何廉等得美國 Standford 大學經濟史研究會之委託，搜羅中國材料。吳君認題爲「中國歷代度量衡之變遷問題」，惟月僅百三十元，故廣東之行仍未決也。
謝國楨	昔日作顧亭林著作考及學侶門人等考，近則作晚明清初史籍考，現在平民促進會做事，事甚少，故未必欲往他處教書也。

前列五人大約可就聘，後二人則在北平有事，未必肯到廣東也。

〔一〕此紙片王汎森排在一九二九年四五月至七月間。據卞慧新先生提供資料：謝國楨一九二九年三月十八日改就北平平民教育促進會之職；陳守實曾在南開中學任教，一九二九年夏離去；劉節一九二八年秋至一九三〇年夏任教於南開中學等，現姑且推測此紙片可能寫於一九二九年夏之後至一九三〇年夏之前。

十七

孟真
中舒兩公同覽：頃接黄君立猷〔一〕之弟自南開來函言，擬於三月一日（渠特因此從天津來）在渠北平寓內（前三工廠五號），候我等往觀其家所藏石刻搨本等，請即約容、商、趙〔二〕諸公同往一看，史語所一時未必有錢，但不妨一看。弟以爲買搨本、攝照片、購實物，似較買書籍爲重要。黄家之物，不知佳否？要可以一試也。專此敬叩

著安

弟寅恪頓首（一九三〇年）二月廿二日

〔一〕黄立猷字毅侯，湖北沔陽人，晚年好金石學，藏歷代金石搨本數萬通。

〔二〕容為容庚，商為商承祚，趙為趙萬里，均精於金石文字之學。

十八

孟眞兄：

頃與中舒先生電話中略談（因未見着），弟意此次檔案整理至此地步，微徐公之力不能如是。若任其他去，不獨人才可惜，而替人亦難覓。第一組主任弟僅掛虛名，諸事悉託其辦理，故弟個人對之有特别感謝之必要。現在第一組之不甚平安，皆弟常不到院，百事放□，致有精神上之影響。忽思一法，弟下年仍然照舊擔任第一組主任之虛名，仍作今年所作之事（其實無所事事），但不必領中央研究（院）之薪水，向清華要全薪。若慮鐘點加多，則清華下年有研究院，亦掛一虛鐘點以湊數，而弟身體上、物質上皆不受損。且一年以來，爲清華預備功課幾全費去時間精力，故全薪由清華出，亦似公允。所以向清華責力者，因上課不充分準備必當堂出醜，人之恒情只顧其近處，非厚於清華而薄於史語所也。鄙意惟弟不領史語所之薪，則第一組精神可改變，而不致有涣散畸形之現狀。當與楊金甫[一]兄言之，諒無不好商量也。餘俟面罄。

弟 寅恪頓首 十五日[二]

此函不是拆臺主義，乞勿誤會。又撰敦煌目録序成，當鈔上呈教。

〔一〕楊振聲字金甫，時任清華大學文學院院長和教務長。
〔二〕此函王汎森云：「似為一九三〇年」。

十九

孟眞兄：頃中舒先生持印就檔案第一、二等册樣本來，似尚整雅可觀。惟同閲後，覺最後一頁所附啓事之語，微涉感情。現政治局面已平定解決，罵之反似不武〔一〕，且學術著作上不説及此類事亦無不可也。弟等共商之下，擬俟公加考慮復示後再印行，如能將删易之稿寄下付印尤妙〔二〕。又上海院來電，一囑速□年報報告，已請關係方面編製，一囑停購置，款絀之故。昨錢稻孫〔三〕先生言泉屋清賞已爲美人電購而去，姑俟後有機會再説。匆此，敬叩

旅安

何先生請代候。

弟　寅恪再拜（一九三〇年）十月廿四

濟之兄及吴、于諸君并乞代致意。

〔一〕此頁空白處另有附語：「且當其接收時，曾託江叔海先生轉辦一切，今忽罵之過甚，恐弟私人於江公情誼上亦有關也。」——王注

〔二〕此頁空白處另有附語：「如公主張不須改易原文，亦請速覆，以便裝訂工作之進行。」——王注

〔三〕錢稻孫，時任清華大學教授。

二十

孟眞兄：語堂〔一〕先生函閱悉，歷史組檔案或請語堂先生將中舒先生所作檔案序翻譯即可，如以爲尚不能用，請兄作一文寄之。弟英文不能動筆，否則亦不偷懶也。且檔案中無特別專門名詞，語堂自無不能翻之理，若專彙集現成英文之稿，似尚不能盡其專長也。匆復，敬叩

晚安

弟寅恪頓首（一九三一年）二月十三日

〔一〕語堂即林語堂。

二十一

孟眞先生：

手示敬悉。清華對子問題乃弟最有深意之處，因考國文不能不考文法，而中國文法在緬藏語系比較研究未發展前，不能不就與中國語言特點最有關之對子以代替文法，蓋藉此可以知聲韻、平仄、語辭、單複詞(vocabulary)藏貧富，爲國文程度測驗最簡之法。平仄譬諸英文accent，動、名詞之區別，英文亦必須通而後可考取。以英文必須知文法，而國文豈遂可以不知乎？若馬眉叔[一]之謬種尚在中國文法界有勢力，正須摧陷廓清，代以藏緬比較之學。中國對子與中國語之特點最有關，蓋所謂文法者，即就其語言之特點歸納一通則之謂，今印歐系格義式馬氏文通之文法，既不能用，捨與中國語特點最有關之對子，而更用何最簡之法以測驗學生國文文法乎？以 公當知此意，其餘之人，皆弟所不屑與之言比較語言文法學者，故亦暫不談也。此說甚長，弟擬清華開學時演說，其詞另載於報紙。總之，今日之議論我者，皆癡人說夢、不學無術之徒，未曾夢見世界上有藏緬系比較文法學，及印歐系文法不能適用於中國語言者，因彼等不知有此種語言統系存在，及西洋文法亦有遺傳習慣不合於論理，非中國文法之所應取法者也。弟意本欲藉此以說明此意於中國學界，使人略明中國語言地位。將馬氏文通之謬說一掃，而改良中學之課程。

明年清華若仍由弟出試題，則不但仍出對子，且祗出對子一種，蓋即以對子作國文文法測驗也。匆叩

暑安

弟 寅（一九三二年）八月十七[二]

[一]馬建忠字眉叔，江蘇丹徒人，卒於光緒二十五年（一八九九），著有馬氏文通。

[二]此函王汎森原作「一九三三年一月十七」，以手跡複印件核為「八月」，據信函内容當為一九三二年八月十七。

二十二

驥塵[一]先生大鑒：弟今日收到故宮博物院寄來清光緒朝中日史料（卷七一之二、卷七三之四、卷七五之六）三本，但弟上次所收到者，僅至卷卅三之卅四，不知是否前此者，皆送至静心齋而尚未交弟？如尚未交，則乞　交下。如故宮博物〔院〕尚未送來，則請將附上之致李玄伯君函加封送交，以便得成完書，不勝感荷之至。專懇敬叩

撰安

弟 寅恪頓首（一九三二年）十月五日

〔一〕驥塵是當時史語所助理員陳鈍。——王注

二十三〔一〕

孟眞兄：

一、浦君江清欲得一部敦煌掇瑣，渠現辦大公報文學周刊，不知能贈一部否？如贈之，則可并將歷史語言所出版品目錄付之介紹，以便使人藉此知史語所有若干之出版物，因近日每遇人問及此，而苦不能一一告之也。如何之處，請

尊意決定。

二、微聞容、趙二君知商君六十元月薪事，以渠等五十元較，待遇差異，有不平牢騷之意。弟近日尚未見二君，不知究如何？十元事極小，當不計量至此，或渠等心中以爲吾等有軒輊之意於其間也。此事便中奉告，乞

垂意。匆叩

著安

弟寅恪頓首（一九三二年）十二月八日

〔一〕本頁空白處另有傅斯年批語：「存，斯年。」——王注

二十四

孟眞兄：前函奉到後，又晤彥老〔一〕，弟意仍擬如前函所云辦理。因弟一時既貪得清華休假之權利，勢不能南行，又遥領乾薪，此則宋人玉局、武夷祠禄之故事。雖有古人雅例，但決不可行之於今日，故期期以爲不可也。又前數年清華研究院王静公之弟子戴君家祥者，本孫仲容先生姻家子。自幼即傳渠文字學研究之習，後又從王公游，所得益深。大約擔任文字音韻古代史之類功課，必能勝任愉快。聞其流轉失所，頗爲惋惜。其人年甚少而志頗高，文采不艷發，而樸學有根柢，因此弟欲請兄酌量情形，轉薦適宜之大學或專門學校擔任數點鐘功課。如中央大學有機會，則弟當致一保任負責之薦書與志希兄及汪君旭初〔二〕（如其尚爲中大國文系主任）；若他處有機會，亦無不可。希轉託　志希兄或其他友人，至感！至感！趙斐雲兄失去北大教授之職，弟日來爲之奔走於陳公援庵處，雖竭力，究不知其結果如何？其所編晋南北朝墓誌中隋宫人墓誌一卷，披閲之，殊令人發思古之幽情，不知兄已見之否？匆叩

著安

弟月底赴青島，并　聞。

弟寅恪頓首　十七日[三]

[一]彦老即董作賓。
[二]汪東字旭初，時任中央大學中文系主任。
[三]此函似為一九三三年。——王注

二十五[一]

孟真兄：昨閱張君蔭麟函，言歸國後不欲教哲學，而欲研究史學，弟以爲如此則北大史學系能聘之最佳。張君爲清華近年學生品學俱佳者中之第一人，弟嘗謂庚子賠款之成績，或即在此人之身也。張君年頗少，所著述之學術論文多爲考證中國史性質，大抵散見於燕京學報等，四年前赴美學哲學，在斯丹福大學得博士學位。其人記誦博洽而思想有條理，若以之擔任中國通史課，恐現今無更較渠適宜之人。若史語所能羅致之，則必爲將來最有希望之人材，弟敢書具保證者，蓋不同尋常介紹友人之類也。

北大史學系事，請　兄轉達鄙意於胡、陳二先生，或即以此函轉呈，亦無不可也。專此，敬頌
著祺

弟　寅恪（一九三三年）十一月二日

〔一〕此函前有「中華民國廿三年一月廿五日收到轉」等字；末有傅斯年批語：「此事現在以史語所之經費問題似談不到，然北大已竭力聘請之矣。」——王注

二十六*

孟眞兄左右：今年九月初，中央研究院評議會開第一次會，弟應到會。當有何事，乞
示知，以憑答復也。專此，敬頌
著祉

弟　寅恪頓首（一九三五年）七月十日

勞君〔一〕文數篇，匆匆閱過，甚精密，足徵學問實在。

〔一〕勞君指勞榦。

二十七〔一〕

孟眞兄左右：

手示敬悉。所以稽遲未即奉復者，以尚未決計南行與否故也。今決計不南行，特陳其理由如下：清華今年無春假，若南行必請假兩禮拜，在他人，一回來即可上課，弟則非休息及預備功課數日不能上課，統合計之，非將至三禮拜不可也。初意學生或有罷課之舉，則免得多請數日之假，豈知竟不然，但此一點猶不甚關重要。別有一點，則弟存於心中尚未告人者，即前年弟發見清華理工學院之教員，全年無請假一點鐘者，而文法學院則大不然。彼時弟即覺得此雖小事，無怪乎學生及社會對於文法學印象之劣，故弟去學年全年未請假一點鐘，今年至今亦尚未請一點鐘假。其實多上一點鐘與少上一點鐘毫無關係，不過爲當時心中默自誓約（不敢公然言之以示矯激，且開罪他人，此次初以告公也），非有特別緣故必不請假，故常有帶病而上課之時也。弟覺此次南行亦尚有請假之理由，然若請至逾二星期之久，則太多矣，此所以躊躇久之然後決定也。院中所寄來之川資貳佰元，容後交銀行或郵局匯還。又弟史語所第一組主任名義，斷不可再遥領，致内疚神明，請即於此次本所開會時代辭照准，改爲通信研究員，不兼受何報酬，一俟遇有機會，再入所擔任職務。因史語所既正式南遷，必無以北平僑人遙領主任之理，此點關繫全部綱紀精神，否則弟亦不拘拘於此也。所欲言者尚多，特先約略奉復，即希
鑒諒，并代候　諸公，至深感幸。敬叩
撰安

弟寅恪頓首（一九三六年）四月八日

〔一〕此頁空白處另有批語：「廿五年四月八日。」——王注

二十八

孟真
濟之兩兄左右：前日奉到
來電，又遲疑久之，至今日仍決計不南行，殊負
盛意，惶愧之至。弟雖可於一星期内往返，但事實上因身體疲勞及預備功課之故，非請假兩星期不可。自昨日起，又略感冒受涼，則短期内往還之可能更少矣。又弟請於暑假後解除第一組主任名義一事，

實考慮再三認有必要，否則亦不拘泥，務求
兄等與諸公會商允許〔一〕，不勝感禱之至。
中央研究院會計處寄來川資匯票貳佰元即附此函內，請轉交
燮林〔二〕兄，并求代達不能到會之歉忱爲荷。羅、趙、吳、李、徐、董、梁、裘、郭諸公及蔡先生，均乞代
致意，敬叩
著安

弟　寅恪頓首（一九三六年）四月十三日

附匯票一紙。

李濟（一八九六——一九七九）　字濟之，湖北鍾祥人，時任中央研究院歷史語言研究所考古組主任。

〔一〕此行旁有：「弟不列會或可便於討論，否則互相客氣，又恐不易決定矣。此亦不必到會之一小小理由也。」數語。——王注

〔二〕燮林即丁燮林（西林），字巽甫。

二十九

孟眞兄左右：

手示敬悉，條答如下：

一、弟好利而不好名，此　公所夙知者也，但中美文化基金重在提倡自然科學，社會科學在其創始之年未必給奬，以此不能不躊躕也。

二、Otto Frank 此人在今日德國情形之下，固是正統學人，此無待論者，但除有他種可考慮之事實外，若僅據其研究中國史之成績言，則疑將以此影響外界誤會吾輩學術趨向及標準，此不能不注意也。

公月底來平，其餘及其詳可面談，茲將章程共三份奉還，即希檢收爲荷。敬叩

著安

弟 寅恪頓首（一九三六年）十一月十三日

三十*

孟眞兄左右：弟去昆明入河口時，僅護照無效，必須有身份證明書。而臨時大學長沙辦事處恐已撤消，無從發給。乞

兄用中央研究院名義證明弟爲中院史語所第一組主任，蓋院或史語所印，即用航空信寄至

九龍福老村道十一號三樓陳寅恪收

如漢口不能辦，則請寄重慶辦理。寄弟以便持此啓程赴滇也。

飛機今日天晴，想不甚冷，當不致受涼也。匆叩

日安

弟

寅恪頓首（一九三八年）三月十五日午時

三十一

孟眞兄左右：接王雪艇〔一〕先生電云：「牛津已聘定爲漢學教授，任期十月一日起。」故前所云九月抵英之

議，不得不履行矣。聞英國所得税率，單身者約抽百分之二十，有子女者遞減，若有三子，則幾全免抽。牛津年俸爲八百五十鎊，其百分之廿爲一百七十鎊，弟家眷若不去，亦須别寄款回家，其數亦在一百餘鎊，故以經濟方面計算，似亦以全家同去爲合算，且可免羈旅萬里，終日思家之苦，但全家同去，則弟與内人及三小孩共爲三大人之旅費。由港赴歐英船貴而遲，意德則中日戰爭時不可坐，免受精神痛苦，故惟有法船較廉，其二等艙則由香港至馬賽，約七十鎊，以三成人艙位計之，共爲二百鎊。尚須由法赴英車費。又弟做洋服之費故，總計此次全家去，非三百至四百鎊不可。旅費事前已與杭立武[二]先生提及，請兄便中即與之一商，不知英庚款會可設法幫助墊借否？或者弟此次去英，可以請求外匯特許，即中央銀行第一法定率兑換外匯否？然此層恐更麻煩也。便中亦求代爲一詢教育部，或英庚款會幹事爲荷。又弟前年得中華文化基金會奬金，前曾寄上所作論文，後雖未用，但已訂成一册，不知從南京搬家時，與研究所書籍同時搬去否？請　兄託　樂煥[三]世兄代爲一查。因弟「十年所作，一字無存」。並非欲留以傳世，實因授課時無舊作，而所批注之書籍又已失散，故感覺不便也。

以上二事奉託，即希

示復爲感。

大作想已脱稿，若以論説爲立，而取史實作例證，則可不吃力而討好。昔人應制舉對策而能做出好文章者，即是就其當時所能記憶者，而以議論發揮之也，至於刑賞忠厚之至論，即事實亦無之，則子瞻學

術太疏之過，似此例古來尚不多也。匆叩

侍安

弟　寅恪（一九三九年）二月九日

〔一〕王世杰字雪艇，曾任國民政府教育部長等職。
〔二〕杭立武，時任行政院中英庚款董事會總幹事。
〔三〕樂煥世兄，即傅樂煥。傅斯年侄。

三十二

孟真兄左右：

手示敬悉。英國如能去，則弟必須去，因弟復牛津函言去，故必須踐約也。但郭泰祺〔一〕至今未將入境許可證寄來，不知何故。又不知牛津已關門或已疏散至威爾斯一帶否？弟又得香港船公司函，似繞道南非洲二百鎊已不甚够。杭立武前來函，要弟寫一申請借二百鎊之信與英庚款會，已照寫去，至今尚無復信。若太遲，則定船亦有來不及之虞，則去不成非弟之咎矣。總觀各方面情勢，俟弟回到香港後，如入境許可證寄來，而路仍可通及能上岸，則自必須去，否則即將此借款不用，依舊奉還。故川資仍要速借，可以不用而照還，不可以臨時要定船而無川資也。如眞能去，而因無川資不能成行，豈非笑話！何能以此復英人耶？若不能去，則還錢，另設他法可也。乞

兄即以此意及此實情告朱騮先爲荷。匆復　順頌

雙祉

弟寅恪頓首（一九三九年）六月五日午後一時

弟大約此月中返港。

〔一〕郭泰祺號復初，時任中國駐英大使。

三十二〔一〕

孟眞兄左右：臨行承早起送行，感激感激，□萬分，七月三日到家，以勞憂故，略感不適，尚去□病仍劇。不但不能起床，即靠枕飲食，亦即心跳□。赴歐之事，已不成問題，弟轉可一人獨行，途中或因此少麻煩，且可乘法船，或由港啓程遲而到歐早之

船也。弟亦可藉此多在港休息，且内子病勢如此，恐更有多在港住數日之必要，此意不必顯言，想能意會也。弟心緒甚惡，昆明親友處，皆懶於寫信，請并告以近狀及代道謝爲荷。弟讀陳簡齋詩，即用其語而和其詩，中有兩句列於下，可明弟之情況也，「還家夢破懨懨病，去國魂消故故遲」。匆此敬頌

儷祺

弟 寅恪 （一九三九年）七月六日午時

五箱已運到，甚慰，擬將未成之稿攜歐，俟半年得暇加以修改也。

賜書乞

寄：香港九龍山林道廿四號三樓。

現家中用費極鉅，挪用借款度日，而家人無人管理，雖多費錢而極不舒適。

陳樂素〔二〕處已告其條件，彼將考慮後逕復從吾。

〔一〕此函原件右下角有殘缺，致前三行末數字均佚，亦未能確定究竟殘闕若干字。——王注

〔二〕陳樂素是陳垣長子。

三十四*

孟真兄左右：前上一函，諒達覽。弟五箱運到而錯了兩箱。此兩箱中，恰置弟之稿件，雖又託人查問，此次恐是石沉大海矣。得而復失，空歡喜一場，反增懊惱。將來或可以藉口說：我本有如何如何之好文章，皆遺失不傳，亦是一藏拙作僞之法耶！此殆天意也。弟擬乘八月底開之法國船二等艙赴英，到英約在九月下旬，以各方面情形論，較爲妥便。昆明親友中，弟皆未通訊，希兄便中轉告一切，并請告以弟因妻病稿失，心緒甚不佳，懶於執筆也。專此，順頌

雙祉

弟 寅恪頓首（一九三九年）七月十二日

仁軌想好。

陳樂素已有函致姚從吾兄，大約可到滇也。

如有信件，請 那先生[一]速轉香港九龍山林道24號三樓。

〔一〕那先生指那廉君。

三十五*

孟眞兄左右：十九日　手書敬悉。弟前日接杭君函并附一代擬呈教部文稿，囑繕簽寄彼。據言王雪艇與教陳〔一〕商，陳云可考慮補助三千五百元云云。今不知究如何？大約當時三千五百元，乃一百鎊之匯價，今則或不及半數矣。弟復杭君書謂：如得教育部補助，即請其折算英鎊，作爲還庚款會所借三百鎊之一部分，不必寄港。因弟已賣去前庚款會所借之鎊，以償所請法定外匯在渝墊借之國幣，且寄款來港甚難故也。（此三百鎊至今日始寄到港，但法幣則一月前換去，未佔近日變動之便宜也。）兩書箱換去，託大綱〔二〕代查，渺渺茫茫，未必有歸還之望，姑盡人事，以俟天意。弟已暫定八月三十一號開之法國船二等艙。今日妻病稿失，又在東京會議之後往牛津，天意、人事、家愁、國難俱如此，眞令人憂悶不任，不知　兄何以教我。諸親友希代致意。敬叩

雙安

弟　寅恪頓首（一九三九年）七月廿六午後四時

內子病尚好，然仍不能起床也。
陳樂素已得一香港中學事，彼已復從吾兄不到昆明矣。

〔一〕陳立夫，時任國民政府教育部長。

〔二〕大綱，即俞大綱，俞大維弟。

三十六

孟眞兄左右：昨夕晤大綱，知八妹〔一〕有腸硬化病，須往成都受手術，頗爲驚詫，繫念之至。若中央醫院不能動手術，則恐非至河內無近便之處。河內病院其取價本較港爲廉，近雖因匯兑關係，然亦不至較昆明成都航空來往，及其他費相差甚鉅也。想此病必須動手術，若國內無可信託之醫院，則河內殆惟一之較妥處所，　兄諒必已籌思及之矣。

前接昆明清華會計科信云：「教育部寄來三千元交弟收，無法寄港云云。」當即是杭立武所言之補助費也。弟即復清華會計科，請其將此三千元電匯至重慶，交杭立武折換英金，作爲還庚款所借三百鎊之一部，但輾轉至渝，不知究能折合若干也。內子病仍無大起色，弟則定八月三十一日法船行矣，所失書亦無消息，皆可愁也。昨聞彭基相〔二〕在北以傷寒病死，弟因此自慰「年長者不必皆較年少者先死，體弱者尤不必較體壯者先死」。彭公年少於我，其體尤强於我故也，此殆可謂齊彭殤一生死之意耶？順候

雙祉並祝八表妹早痊

弟 寅恪頓首（一九三九年）八月六日

親友請代問候，甚懶多作書，乞恕。

〔一〕八妹（八表妹）俞大綵，傅斯年夫人。

〔二〕彭基相，曾是傅斯年襟兄。

三十七

孟眞兄左右：九月廿四日由渝所寄

手示讀悉，弟欠人款，自應踐約，故去牛津不成問題。惟此時則去英途中乘船既危險，到彼無學生，又戰時所得税極重（此次英國戰費由税收出者，約百分之五十一，前次大戰僅百分之廿五，故恐所得税率

較前次大戰時爲高)，此皆不便之大者。弟前致函牛津，謂暫中止一年赴英，亦即爲此也。郭大使與牛津交涉有電來否？無論如何大約今年，即此學期，不能成行則無疑矣。又來示謂，少還一百鎊無問題，指弟前函所言，至多可還二百鎊，今則又過一月，詳悉估計，恐僅能還一百鎊，總之，弟之情形如下：「終久去牛津不成問題，但未到英前，不能全數悉還英庚款之三百鎊耳。」又內人病，恐仍非有數月之期間，不能搬家離港，此則無可奈何者也。弟已定十月十日由港赴海防之船，十月半可抵昆明。現因患氣管炎及肋骨關節炎Rheumatism，甚苦，不便多寫，餘俟面談。匆此，敬

叩

儷安

弟 寅恪頓首（一九三九年）九月卅日

又弟此次重到昆明，不知何處可住？靛花巷三號舊地仍可住否？

諸親友均乞代致意。

附致那先生一紙，如那先生無暇，則請代交圖書館及第一組諸君中之一位可也。又申。

三十八

孟眞兄左右：

示悉，弟此次之病甚不輕，即心悸心跳，所謂怔忡者是也。其苦在將要睡時，忽然一陣心跳，使人吃一驚，甚至出汗發抖，故不吃安眠藥不能睡。蓋非麻醉使神經失知覺，則全不能睡也，其苦可知，而其倦尤可知矣。弟於心臟病略有經驗，故頗難決請何人診治，但又不能不治，因普通治心臟藥皆有戟刺性，不惟無益而有害。姑往王蘇宇處診之，渠謂係神經衰弱影響心臟及脚氣之故。弟曾患脚氣，亦心跳，但程度不至此。神經影響心臟說，以前在北平檢查身體時，醫所言亦同，且其擬用注射之藥，與內人在協和及香港治法略同，故從其治方已一星期矣，覺有微效，時好時壞，前天好，昨天不好，今天又好。現已請假一星期未上課（此爲九一八以來所未有，惟除去至牯嶺祝壽一次〔一〕不計），且看如何。任叔永〔二〕代弟定三月廿日飛渝機，因早則弟之身體如此，斷無希望旅行也。尚有一原因即心跳與脚氣之病，脚氣固遷地即愈（此弟之往年經驗如此），心跳則昆明地高，離此則心跳之程度較減（弟初來此亦有二星期之久，心跳後漸不覺），若病久不愈，則有性命之憂（弟素憂國亡，今則知國命必較身命爲長），將由渝飛香港矣，但此點未決定，非俟在此間毫無治療希望，或絕對不能授課，則不出此。仍欲善始善終，將校課至暑假六月完畢後，始返港也。

現弟意可以預先決定（不管病情如何）者有二點，請到渝時，與杭立武諸君商之：

一、英國如今秋能去，仍去，以完成及履行前言。但所謂能去者有二：即牛津尚有需要，我知劍橋尚有學中文學生，牛津似乎學中文者空無一人，如彼不歡迎，或無人理會，則不必去。目前海道由地中海尚勉强可稱安全，不知今秋如何？如道路太冒險，亦可不必。因不死於戰線日人之炮火，而反受納粹之轟沉，未免太不值矣。如能去，則請英庚款會借款與弟（前借三百鎊已還二百鎊）。

二、如不能去，則問題太多。以弟家情形，現在若非九龍住家，則何地可住？若在香港大學教書，弟覺甚不便，如有能居香港而有他種名義工作者則甚妙。然弟不知有何種事能如此相宜者也，此點亦可與英款會諸公商之。

現所想到者，祇此二點，餘請

代爲一籌，因現在病中，思慮不周極矣，自一月三十日病起，迄今扶病寫稿，尚欠一章論財政者未成〔三〕。因此文等於作通史，極費力，匆匆一氣寫之（生病更無力前後照顧），但删改之工夫尚全未做也，甚希望能於神識未離身體時（此昔日和尚常語）得完成此作也。

賀昌群〔四〕信附

覽。匆復，敬叩

撰安并頌

雙祉

弟　寅恪頓首（一九四〇年）二月廿六午後五時〔五〕

〔一〕指一九三二年陳寅恪之父陳三立八十大壽，諸親友共至陳三立居處牯嶺祝壽。——王注

〔二〕任鴻雋字叔永，時在昆明任中央研究院總幹事。

〔三〕指隋唐制度淵源略論稿第二章。——王注

〔四〕賀昌群，時在四川三臺東北大學代課。

〔五〕此函王汎森排在一九四一年，據信内容寫於昆明，故應為一九四〇年二月廿六日。

三十九

孟眞兄左右：弟於七月一日夜始抵家，千災百難，不必細説。杭立武來電謂，郭大使來電言以時局關係可請假一年，又未將入境許可書寄來，其不能去意義至明顯，故弟已復杭函，請即電復郭使再請假一年矣。（至今亦未將二百鎊寄來，事實上弟要去，亦難辦到，此則可怪，不知其中有何困難周折也。）

弟到家，内子除心臟病外又有子宫病。現滇越道斷（不久將來行客亦須受日人檢查），家眷無法遷入内地，上海亦在經濟上、政治上皆不能住；又内子之病根未愈不能移家，惟有留港，不論如何不能他往也。

兄臨送行時謂，將以上中下三法告杭立武，不知已寄去否？如未寄，乞速寄爲感。

俞家今日到港，家舅母〔一〕極欲來港，極不欲至昆明。其心臟似是年老衰弱之症，故到滇亦不妥，又不知能住港多時耳？俞家經濟暫時或可維持，久住港亦想不無困難也。

拙稿能令人代鈔一份否？如能，則弟更可有改正之機會也。匆叩

儷安並希

示復爲盼

弟 寅恪頓首（一九四〇年）七月二日

諸親友處乞代道念。

外致靛花巷諸公函希 轉交。

〔一〕家舅母指俞大維、俞大綱母親。

四十*

孟真兄左右：奉復　手示如下：

一、李伯嘉君已將一千五百元國幣交到，感荷感荷。

二、拙稿〔一〕彼謂將在上海印，而不能由弟親校。商務校對者往往自作聰明，改易原稿，此弟所最懼者。故將稿取出再詳看一過，然後付之。因將來即據以付印，錯誤必不能免，但可出版較早，此二害取其輕者也。

三、杭立武君未來信。香港物價大昂，較去夏弟返港時幾高一倍。現家人多患病，故月費三百港元，仍無肉食。家眷最近亦不能遷地，蓋無此精力，不僅經濟問題也。大約弟恐仍非回滇不可。若聯大遷地，則對於弟之心臟較有益。（下句複印件文字不清——編者注）

四、北大考試題已寄交鄧君〔二〕矣。

五、如本所及聯大有遷地之消息，乞速示知爲感。匆叩

儷安

弟寅恪頓首（一九四〇年）七月廿六日

親友均乞代致意。

劉節君來函言英庚款事，兄言可由弟介紹；如果可，則乞逕書弟名介紹可矣。

〔一〕指隋唐制度淵源略論稿。

〔二〕鄧君指鄧廣銘。

四十一

孟真兄左右：杭君函寄覽，大約暫時可居港，今日港越航船又斷，益難赴滇，勢不能不如此也。杭信中有二事須略加解釋者，即：

一、寓所問題。弟與內子皆患心臟病，殊不欲居港大附近山頂之宿舍，因上山極難，買物亦不便，蓋其地乃汽車階級之居住地也。然許地山君〔一〕甚欲弟向港大提出要求，供給住所。此中原委，弟於函中不願詳言，但答以此任杭君爲之。弟不欲與港大直接交涉，蓋此事實與弟關係不多，而在許君則有關係也。其意或毛子水[二]兄能知之乎。

二、薪水問題。杭君在港時，弟告以在港用費至少月三百元港幣方能敷衍，杭君謂可辦到，後施樂請託許君來致意，謂可月送五百元，悉由英庚款會出，大約施不知庚款會經濟内容不能出此數也。即此三百元港幣以國幣計之，其數甚鉅，宜其驚人，甚感杭君情誼。然弟返港後月用三百元，因有小孩學費及藥費在内，每飯幾無肉食，衹食雞蛋而已。一室有床三張，較之在靛花巷時飲食起居尚不能及，蓋港地物價較去年高一倍以上，而調查上海租界最近物價，亦至少非五六百元一月不能維持生活，故居港仍爲得計，不過其中别有一種精神上不愉快之感覺，即無人可談無書可讀，實行賺錢餬口之工作，將來聯大移川，而道路可通時（飛機太貴除外不計），當再考慮行止也。

前請那廉君先生代寄鈔稿（原手寫者）至港，想已寄出，如尚未寄，則求爲一催，至感。

弟近日心緒不寧，起居飲食不適，故又略有心跳不寐之症。拉雜書此，殊有心煩意亂之感也。匆此，敬叩

儷安

諸親友均乞致意。

弟　寅恪頓首（一九四〇年）八月廿八夕

附杭君來函二紙。

〔一〕許地山，時任香港大學教授。

〔二〕毛子水，時任西南聯大文學院教授。

四十二

孟眞兄左右：別來半歲，久欲奉書，而執筆便中止者，蓋居港地進退維谷，前途茫茫，不能以楮筆達其苦悶故也。頃得二月五日　手示，始先略言一二，即希　亮察是幸。

弟今年不能去英，大部分已可決定。在港則居、食、藥三者，每月寅支卯糧，何能了局？若全家大小五人飛渝，則票須三個半，則價將近國幣萬元矣！此款恐難籌出。行李則問之親友，亦俱言難設法運輸。若無行李衣被，則如何能在内地重行購置耶？以上皆困難情形，爲　兄所能料及者，故略述一二，不必多言也。

中央研究院評議會若在暑假中（或五六月）開會，弟即可乘此飛赴四川。今港大每周祇教一二小時，且放假時多，中研評會開會之時正不放假，且又須回港授課，則去而復回，仍旋移居内地，藉此省川資之計復不能做到也。若到渝可與　兄等及諸親友面商，亦未嘗不好，但因此耽擱港大之功課，似得失未必相償，不如用函札，亦可略商量也。現除飛機外，尚有由廣州灣至桂林一道勉强可通（亦須經過無窮苦難）。内人及小孩等不計其生死存亡，令其遷至廣西居住，通計載運人身及搬輸行李，據最近車船伕轎之價，約近四五千元國幣，若此能設法籌出，或者於五六月，敝眷及弟全部可由港至廣西，弟一人赴川而置家於廣西，以免多費川資及免再跋涉之苦。但又不知彼時此道能通與否耳！總之，於今年暑假將届時，即五月間，能設法爲弟借貸國幣五千元或英金百鎊（與朱、杭諸公商之如何），以爲移家至内地之費，則弟或可不致愁憂而死，否則恐與　兄無相見之機矣。

又近六月來，内子與弟無日不病，祇得輪班診治服藥，以二人不能同時治病也，因此病又時發，未能全恢復健康也。所幸近已努力作成「唐代政治史略」一部，約七八萬言，又考證唐人小説二篇（會眞記、東城老父傳）約一二萬言，現因無人謄鈔故，尚未能一時寫清寄上求　教，約暑假前總可謄清也。

又，如開中研評會必須到渝，則亦求　速示并寄款來，方能成行。弟在此每月日用尚不給，不能先付飛機票價，想能想像得之也。匆復，即頌

諸親友均乞代道念。

雙祉

寅恪（一九四一年）二月十二夕

回示乞寄　香港九龍太子道三六九號三樓。或寄大綱弟轉交亦可。

四十三

又啓者：弟近日頂髮一叢忽大變白，此憂愁所致，他日相見，與　公之白髮可互兢（競？）矣。如見杭立武君，告以弟今歲仍作赴英之準備，請渠亦爲我早爲預備，弟之所以作此想者，自因在港不能再住下去，且弟已寫成二書（一爲隋唐制度淵源論、一爲唐代政治史略），數年來所賸餘在腦中之材料已寫出一部分，則在英無中國書可看，即不看，而途中若遇險，亦不致全無成績遺留也。

故至今年五六月間有二計畫：（一）將家眷遷於廣西，而自己赴川。但須籌備川資四五千元，或百鎊。

（二）則仍冒險赴英。祇要得英政府上岸許可證，Landing Permit 及借得川資兩百鎊。

弟一思及此，即心煩意亂，此時所能思得者，即上列意見，尚乞

兄與親友（親指　兄與大維等）共商，有何妙法及　高見速示，以免白髮更增（心跳自不必說），至感至盼。

弟寅（一九四一年）二月十三

孟眞兄　又鑒

拙撰唐代政治史略講(乃在香港大學之講稿也,上學期講唐史,下學期講唐代文學)約分三部分:

上、統治階級之氏族及其升降

中、政治革命及黨派之分野

下、外族盛衰之連環性及外患與内政之關係

四十四

恭三吾兄先生左右:頃奉二月五日

手示,敬悉一切,感荷。昨日亦得　孟眞先生函,所言亦與　尊函意旨相同。弟已逕復寄重慶,兹再爲

兄略述之。弟居港下半年,即六月以後便無辦法,行止兩難,進退維谷,頗如待決之死囚,故半年來白髮又添無數莖矣!敝眷大小共五人,若坐飛機,至少須三張半票,其價約合國幣萬元,且詢之親友即司運輸者,俱言無輸運行李之可能,故衣被等物若坐飛機則必全部棄置,在内地重購亦非數千元不可,此情勢之最困難者也。又中央研究院評議會開會在三月五日,弟現在港大授課鐘點甚少,假期又長,現既負演講之責,若不在其假期中往渝,勢必缺課太多,且又須返港,往返僕僕,勞神費錢。今年之會,非

同去年有選舉院長之重要，故弟不必去，遂亦不能利用其赴會之旅費以遷川，若開會在五六月間，則公私俱便矣！但弟下半年既不能再居港，則擬弟一人至川，而將家眷由廣州灣赴廣西居住，因路短費省，且可略帶行李（運費極昂）。但經此路亦極苦辛，又恐將阻滯不通也。據最近估計，即由此路，亦非別籌川資四五千元國幣不能離港，因已困在此間，欲離去眞匪易事。若由此路之川資無從籌借，則祇有冒險赴英之一法，而歐局形勢如此，恐不可能。弟已將此意逕復孟眞先生，不知有無良策解我所懸？近因函件檢查，頗多延誤，前函不識達到否？請　兄並將此函寄與孟眞先生一閱，不勝感盼之至。今早得丁梧梓〔二〕先生函，詢沈兼士先生文稿事。弟前數月已將沈稿寄昆明，前日羅莘田〔三〕先生來函，言此稿已收到，因丁先生囑將稿留滇云云。弟已將羅先生函寄與丁先生，請其向羅先生直接索取，因恐前信或不達，故特附陳，希并轉告梧梓先生爲感。弟在港愁悶不堪，病仍時發，以貧故，不能常常就醫服藥，祇得與內子少略就診服藥。職此之故，病亦未能全愈，因醫藥之功或施或輟也。惟港大職務較少，略原有暇寫稿，近成唐代政治史略一小書，約七八萬言，並考證雜文數篇，因檢對原文及鈔謄不便之故，尚未得完全寫一清稿。然必須於暑假鈔畢也，知關注并以附聞。北大研究所同人，除　足下外尚有來川者否？史語所同人均乞代致意。那廉君先生前代轉寄函均一一收到，不及專復，並祈代達。匆此，敬叩

撰安

弟到李莊之可能甚多，便中乞告以地方情形，即何物最須帶，何物不必帶之類，以便有所預備也。

又申。

弟寅恪頓首（一九四一年）二月十三夕[三]

鄧廣銘（一九〇七——一九九八）字恭三，山東臨邑人。一九三六年畢業於北京大學。時在李莊，編制仍屬北京大學文科研究所。

〔一〕丁聲樹字梧梓。

〔二〕羅常培字莘田。

〔三〕此函王汎森原作「十二月十三夕」，據信函內容當為二月十三夕。

四十五*

孟真兄左右：今早得 騮先先生及 兄署名宥電，囑務須到渝出席三月十二日之評議會。惟有二事請速辦爲感：

一、頃託大綱代定飛機票，據云在港購票至難，非有　騮先先生電致歐亞駐港公司，不能得一位子，故請即轉達速電以便定票，而免誤期。至於此間購票之款，係暫由大綱代墊，如何付還，亦乞　示知。因亦不宜久延不還，以致不便也。

二、弟前函想已達覽。此次飛渝是否即可一去不來？抑去而復返港？務求　示知，以便預備如何略帶書籍行李及稿件。又弟前日已函詢　杭立武先生，以港大薪俸送至何時止？尚未接復書，因此亦與飛渝及還港事有關也。並求　速復至盼。匆叩

道安

弟　寅恪（一九四一年）二月廿七午後三時

賜覆寄

香港九龍太子道三百六十九號三樓

又陳煥鏞〔一〕先生住址不知，已託人代詢，不知能代轉來電否。

〔一〕陳煥鏞時任中山大學研究院教授，一九三八年在香港創立植物研究所，并任皇家植物園主任。時為中央研究院評

議員。

四十六*

孟真兄左右：昨日得宥電，即復

兄一函，言弟已託大綱墊款買飛機票。惟據大綱言，機位極難得。請　騮先先生速致電駐港歐亞航空公司，方能得一位。又請催詢　杭立武先生以送弟之港大俸至何月止一事。此函或先到。今弟既決到渝，則旅費請早寄，免大綱久墊款不便也。弟之所以決來渝者，(一)因耶穌復活節港大放假無課。(二)因諸事非與　兄及大維等面商不易詳盡。(三)遷内地既決定，則廣州灣亦有制限行李之事，衣被不能多帶，故乘天氣尚寒時，將皮袍棉袍儘量穿在身上帶渝，以爲過冬禦寒及當作被蓋之用。(四)如有暇則赴李莊[一]一看情形，以爲遷居之預備。大約昆明地太高，心臟不能堪。如不能去李莊，叙永不知如何？叙永情形在渝可詳問楊金甫兄一切也。

廣州灣現尚有人去，須乘轎數日始有公路車，且廣西廣東邊界有匪，不論廣州灣上岸之檢查限制也。(因是惟一較廉且可略帶衣被之路，其餘只餘航空鳥道矣。)姑俟覓得熟人照料再説，現内人又患病，最近期間固無同伴之人，且亦未能即行，尚須籌備一切也。匆復，餘俟面談。

前書不知達否？託騮先先生發電及寄赴渝出席旅費希速辦，至感！此函請并交大維一閱，因到渝須住其家，恐須預備被蓋等，此行不帶被也。　順頌

儷祉

弟　寅恪頓首（一九四一年）二月廿八日午

陳煥鏞先生住址不知，已託莊澤宣先生代查詢矣，并　聞。

〔一〕李莊，在四川宜賓，中央研究院歷史語言研究所抗戰中再遷此。

四十七

孟眞兄左右：聞　尊恙已大愈，然病中重在靜養，故不敢以鄙狀煩擾，今暫告一段落，故略陳一二以供參考，俾知漂泊故人之蹤跡也。

弟自今年七月十日接杭君函，言港大講座不能繼續後，即擬移家離港，同時接北大文科研究所不移川之信，故致函北大請其資助旅費，得今甫轉告可助三千元（今已請其不寄來），忽聞廣州灣路阻〔一〕，上海

即一間房亦須頂費，且未覓得亦不能去，近更不妥故也，幾於無地可去，而香港祇餘一月糧，不能久住。飛機則港渝票六百四十元港幣，港昆票八百二十元港幣，故即得北大三千元之助，亦須取道公路，作一月餘之旅行。總此諸端，其難可想。無怪三舅母、大綱、若農[二]又徐森玉[三]及諸親友之爲弟焦急也。近因許地山逝世，其所遺之中國歷史課二門（共八點鐘）由弟暫代，其餘行政事務一概不管，大約月可得港幣四百元，以近一年港地物價計（每月漸漲），想可敷衍（近一年來每月約費三百六十元上下），惟求其不生大病，則大幸矣。

弟近將所作之「唐代政治史略」修改完畢，中論士大夫政治黨派問題，或有司馬君實所未備言者。將如何出版，尚乞　便中示知（尊病未愈，不欲管此瑣事亦可不復，因弟亦不急於決定也）。去年付印之隋唐制度論，則商務書館毫無消息。因現在上海工人罷工，香港則專印鈔票、郵票，交去亦不能印，雖諄託王雲五、李伯嘉亦無益也。匆此，敬祝

早痊　並頌

儷祉

弟　寅恪匆上（一九四一年）八月廿六日

大維處久未通信，請　懷妹[四]便中告以近狀爲感。

現居香港九龍太子道三六九號三樓。

〔一〕此處另有附語：「桂林路不通。」——王注

〔二〕三舅母（俞大綱母）、大綱（俞大綱）、若農（曾若農）都是寅恪親戚。

〔三〕徐鴻寶字森玉，文化界知名人士，日軍侵華時避居香港。

〔四〕懷妹，即俞大綵。

四十八

孟真兄左右：前接

手示知　尊恙已大愈，甚慰甚慰，近日想已完全恢復康健矣。何日返李莊？恐其地未必有適當房屋可以養病，而所中又不免多一些雜事，不如歌樂山中之能静養耳。徐森玉先生返渝，不知遇見否？如晤見則鄙狀可知其詳。近在港大代教歷史課四門，共每周八點鐘，異常勞倦，上課回家，心跳不能安眠，不得已而打磷質及服安眠藥，眞無可奈何。蓋弟自教書以來，多不過三門課，五六點鐘一周，今年衰病增而忽值此，宜其不久將淘汰也。月薪港四百元，止九個月計算，故至明年五月後即無給（中英文化協

會月送二百元國幣，然近日亦未寄來，大約此數本爲一種對外之表示，合港幣至微，不便零星匯寄也）。去年港地生活用費尚低，三百餘元可勉强敷衍，今年則大異，四百元亦覺困難矣，惟有忍病不診，或亦是一法，明年研究院開評議會在何時？如能在五月後，則弟可利用旅費飛入國内，否則彼時又將有旅費無從措畫之問題，至於置家之無地，更不論矣。近日因上課太勞，不能多看書作文，除將前作完之「唐代政治史略」稍事增改外，復於六朝史有所論述，非俟至年暇時無時間寫完，此文俟寫完再寄呈教，或可於史語所集刊發表也。弟今夏陷於進退維谷之境，承　兄及諸親友之力，得免於難，而徐公森玉在港時尤爲熱心相助，俱深感激也。匆此不盡欲言，順頌

儷福并祝

早痊

弟　寅恪敬啓（一九四一年）十月十六

惠書乞寄　香港九龍太子道三六九號三樓

院友所中諸友并乞代候。

企孫兄在渝否？

四十九

孟真吾兄苫次：頃得　毅侯〔一〕先生函，驚悉
堂上於本月廿一日病逝，曷勝悲悼。伏念
姻伯母大人一世慈勤，六親景式，訓子獲通學之稱，弄孫有含飴之樂，優游晚歲，足慰生平。不幸國難
遽興，崎嶇轉徙，未竟期頤之養，不無微憾之遺，然值此神州之鉅劫，億兆莫能免於犧牲，斯實時運爲
之，未可奈何者也。吾
兄孝思鈍摯，愴懷家國，大病之後將何以堪，務懇節哀行事，庶幾舊恙不致復發，區區下悃，至希鑒納是
幸。專此奉唁，敬請
禮安

寅恪頓首（一九四一年）十月廿六日

懷妹均此，令弟處恕未另函。

（録自汪榮祖史家陳寅恪傳影登原函）

〔一〕見五十一函王毅侯簡介。

五十

騮先
企孫
毅侯
孟眞 先生同賜鑒：弟於疾病勞頓九死一生之餘，始於六月十八日攜眷安抵桂林。前奉 孟眞兄電囑先到桂林，故擬將家先在心理研究所近傍安置，並稍休養，將此兩年所著之唐代政治史及晋書補證等稿（皆港大演講底稿）謄寫清楚，呈候
教正。此二稿當在港危迫時，已將當時寫清之本託人帶與上海浙江興業銀行王兼士〔一〕，因恐死亡在即故也。後又重讀新唐書、北史等基本資料一過，增補若干處，幸此次冒險攜出，俟在桂林寫清，及與所引原書一校，大約計時三月可了，俟彼時再乘飛機到渝承 教。此次應報告之事甚多，因勞苦太甚不能多寫，故僅略述一二，尚希鑒諒是幸。

此次到廣州灣，其地生活極高，因銀行匯款限制及電文誤會遲延之故，親友所寄之款未到者多，不得不留待當時本院（所寄五千元）及杭立武先生所寄之五千元收到，及五月廿六日由廣州灣出發後，六月四

日至玉林始知麻章商務書館李法年君已得　騮先先生電囑，將前匯之九千九百九十元交弟，乃發一電致李君，請其將此款電匯至桂林商務書館轉交，昨日領得九千元（大約零數係李君扣除匯費之故）。故本院及杭先生及　騮公所寄款，共領到一萬九千元，均具有收條備查。至俞大維昆仲寄弟與曾君約農之款，止到一萬五千，弟因與曾君有儘先移用之約，又曾君之弟別已派人攜款至廣州灣迎接，並直撥至香港，故亦移借此款，因此種種遂得抵桂林，此皆　騮公及諸兄親友之厚賜，感激之忱，非紙墨可宣也。弟之在香港危迫情狀，不能在此函詳述，然亦不得不略言一二，當俞君大綱臨離港，曾託其友人資助還國路費，乃其人絕不踐諾言，弟當時實已食粥不飽，卧床難起，此僅病貧而已；更有可危者，即廣州僞組織之誘迫，陳璧君之凶妄，尚不足甚爲害，不意北平之僞「北京大學」亦來誘招，香港倭督及漢奸復欲以軍票二十萬（港幣四十萬）交弟辦東亞文化協會及審定中小教科書之事，弟雖拒絶但無旅費離港，其苦悶之情不言可知，至四月底忽奉　騮公密電，如死復生，感奮至極。然當時尚欠債甚多，非略還一二不能動身，乃至以衣鞋抵債然後上船，到澳門晤周尚君[二]始知已先後派人五次送信，均未收到，聞送信之人，有一次被敵以火油燒殺一次，凡接信者皆被日憲兵逮問，此亦幸而未受害也；又一事附陳者，即在澳門見莊澤宣君[三]，亟欲來自由中國，其家眷共五人，欲　騮公資助旅費，弟在廣州灣晤鄭紹玄君[四]，知已匯三千元，但此數不足用，想　騮公能設法續寄用也。蔡子民夫人欲至上海，領得特許或能得行，其所存金城銀行保險箱物，尚無損失，較當香港陷落時被搶一空之窘狀，略爲緩和，知　諸公關

汪蔡先生遺族并附及之，其餘友人情狀，如蒙垂詢，苟能以筆墨傳者當即奉復，否則俟面述一切也。病後潦草，乞恕不恭，順叩

研安　不宣

弟　陳寅恪謹上（一九四二年）六月十九日桂林環湖酒家

賜示請由心理或地質所轉下。

此函閱後乞寄　孟眞兄〔五〕。

朱家驊（一八九三——一九六三）　字騮先，浙江吳興（今湖州）人，時任國立中央研究院代理院長。

葉企孫（一八九八——一九七七）　上海人，時任中央研究院總幹事。

王毅侯（一八八五——　）　原名王敬禮，字毅侯，浙江黃巖人，時任中央研究院會計處主任。

〔一〕「浙江興業」「王兼士」七字旁打「×」，估計是為應付信件檢查之故。

〔二〕「到澳門晤周尚君」句中：「澳門」「周尚君」五字被圈塗，并於字旁打「×」。

〔三〕「在澳門見莊澤宣君」此數字中，「澳門」、「莊澤宣」等字均塗掉，此數字旁并打「×」。——王注

〔四〕「晤鄭紹玄」等字均塗掉，此數字旁并打「×」。——王注

〔五〕此頁空白處有傅氏批語：「信中所説陳逆璧君〔六〕凶妄事，在陷落之初，該女賊（或其代表，原報告不詳）與偽『中山大學』『校長』前往，請其出來。寅恪在床上，云生病，不能動，該賊即加以恫嚇，而偽『校長』反云不要為難病人，遂去。所謂偽『北京大學』事，係錢逆稻孫所為，錢曾受寅恪推薦，彼此次乃以欲拖之下水以報德，所有寅恪信中所談此事，騮先先生知之頗詳，但事關各方面，不便以書信分告諸友人也。斯年附白。」——王注

〔六〕陳璧君，隨夫汪精衛叛國降日，任汪偽中央政治委員會委員。

五十一〔一〕

陳寅恪先生六月十九日桂林來函

弟於六月十八日抵桂林始得　尊電，感激何可言喻，此次九死一生，攜家返國，其艱苦不可一言盡也，可略述一二，便能推想，即有二個月之久未脱鞋睡覺，因日兵叩門索「花姑娘」之故，又被兵迫遷四次；至於數月食不飽，已不肉食者，歷數月之久，得一鴨蛋五人分食，視爲奇珍。此猶物質上之痛苦也，至精神上之苦，則有汪偽之誘迫，陳璧君之兇惡，北平「北京大學」之以偽幣千元月薪來餌，倭督及漢奸以二十萬軍票（港幣四十萬），託辦東亞文化會及審查教科書等，雖均已拒絶，而無旅費可以離港，甚爲可憂，當時内地書問斷絶，滬及廣州灣亦不能通匯，幾陷於絶境，忽於四月底始得意外之助，借到數百港

元，遂買舟至廣州灣，但尚有必須償還之債務，至以衣鞋抵值始能上船，上船行李皆須自攜，弟與内子俱久患心臟病，三女皆幼小亦均不能持重物，其苦又可想見矣，幸冒險將二年來在港大講稿攜出，將來整理或可作一紀念也。今既到桂林，擬將家眷置於良豐（當與汪敬熙兄商覓一屋），弟亦擬休息三數月，並寫清講稿，聊以消日而已，殊不足以言述作也。孟鄰、月涵先生厚意至感，因勞頓之後尚未能專函致謝，乞先代達鄙意，同事諸兄及靛花巷同人，并求代致意，未能一一問好，如承賜示，請暫由桂林榕蔭路三號軍政部兵工署駐桂辦事處陳善淵先生轉。匆此，順頌

教祉

弟　寅恪匆上（一九四二年）六月十九夕

又蔡子民夫人，當香港初陷落時被搶一空，困窘萬分，近狀稍好，前存金城銀行保險箱中錢物，亦幸未没收，弟離港時，聞其欲赴滬，須請准特許，方能成行，不知其近已得許可赴滬否？知關注念并以附　聞。又在港友人近狀如承垂詢，當就所知者奉告，若有非通函所能盡言者，則俟面談可也。

〔一〕此為抄件。——王注　保留原抄件格式。——編注

五十二

孟真兄左右：前奉復一書，諒已達覽。弟前在港憂患與飢餓交病不能興，忽得接濟，重返故國，精神一振，扶病就道，直抵桂林。然二月之久，舟車勞頓，旅舍喧呼，俟到山中，稍獲休息。豈知久勞之後，少息之餘，忽覺疲倦不堪，舊病如心跳不眠之症，漸次復發。蓋神經興奮既已平靜，大病又將到而尚未到矣，此時必須再有長期休息，方可漸復健康。若短期内再旅行，重受舟車勞頓之苦（旅費亦將無所出，此姑不論），必到目的地，恐將一病不起矣！前上一書言，欲與中英庚款會商量，設一講座於廣西大學，即是此旨，想蒙諒解。昨廣西大學得杭君電，已允設一講座，每周三小時，月薪則不多。桂林物價近大漲，去渝不遠，亦不足用，且西大設備等等皆不足言。自不應在西大教書。但半年或數月之内，弟個人及全家皆不能旅行，又不可無收入以維持日食，授課之時既少，可整理年來在港大講授舊稿，藉此暫爲休息過渡之計，作漸次内遷之預備，似亦無不可。因此受中英庚款會及西大之合約。蓋非此不足暫解目前困難，諒能俯察狼狽情形加以諒解也。兄病想已全愈，思永兄病諒已漸愈，濟之、彦堂、方桂、君穀……諸兄諒均安好。恭三及廉君二兄想仍在李莊，將來弟有瑣事尚須奉煩。集刊及本所專刊有無新出者？弟前年交與商務之隋唐制度論，商務堅執要在滬印，故至今未出版，亦不知其原稿下落如何？

（前年弟交稿，數月後許地山方交印其言扶乩之書，而王雲五以其爲香港名人，即在港印，故不久出版。商務二字名符其實，即此可知。）近袁守和[一]已全家來桂林，又聞陳衡哲及李伯嘉亦到廣州灣（水經注稿無恙）。弟近日忙於謄清拙著唐代政治史略，意頗欲在内地付印，以免蓋棺有期，殺青無日之苦。尊意如何？乞示。匆叩

雙安

弟　寅（一九四二年）八月一日

復示乞寄桂林良豐科學館轉更快。

[一]信中提到的人名分别是：思永（梁思永）、濟之（李濟）、彦堂（董作賓）、方桂（李方桂）、君毅（唐君毅）、恭三（鄧廣銘）、廉君（那廉君）、袁守和（袁同禮）。

五十三

孟真兄左右：齊電敬悉。弟前上三函，諒已達覽。弟病體一時不能乘公路車到所，已詳前書，諒蒙垂察。是以中央研究院總辦事處寄來之專任聘書，已寄還王毅侯先生。而廣西大學送來與中英庚款會約定之聘書則已接受。（此點已於前書言之。）頃接杭立武先生電謂：「廣大已洽定，惟聞中央研究院奉聘專任研究」，意恐弟接受專任聘者與中英庚款及西大聘約有所衝突。弟即復函告以早將專任研究員聘書寄還，自與庚款會之約不生衝突也。　尊電云函詳，俟　尊函到後，再詳復。先此專復，即希

諒察，順叩

儷安

并乞代致意所中諸友人。

弟寅恪頓首（一九四二年）八月十一日

（録自周法高編近代學人手跡二集）

五十四

孟眞兄左右：八月十四日

手示并鈔張、吴諸君往復函稿，均誦悉，感激惶恐之至。弟尚未得　尊電之前，已接到總辦事寄來專任研究員聘書，即於兩小時内冒暑下山，将其寄回。當時不知何故，亦不知葉企孫兄有此提議。（此事今日得　尊函始知之也，企孫只有一書致弟，言到重慶晤談而已。）弟當時之意，雖欲暫留桂，而不願在桂遥領專任之職。院章有專任駐所之規定，弟所夙知，豈有故違之理？今日我輩尚不守法，何人更肯守法耶？此點正與　兄同意者也。但有一端不得不聲明者，内人前在港，極願内渡；現在桂林，極欲入川。而弟卻與之相反，取拖延主義，時時因此爭辯。其理由甚簡單，弟之生性非得安眠飽食（弟患不消化病，能飽而消化亦是難事）不能作文，非是既富且樂，不能作詩。平生偶有安眠飽食之時，故偶可爲文。而一生從無既富且樂之日，故總做不好詩。古人云詩窮而後工，此精神勝過物質之説，弟有志而未逮者也。現弟在桂林西大，月薪不過八九百元之間，而弟月費仍在兩千以上，並躬任薪水之勞，親屑瑣之務，掃地焚（蚊）香，尤工作之至輕者，誠不可奢泰。若復到物價更高之地，則生活標準必愈降低，卧床不起乃意中之事，故得過且過，在生活能勉强維持不至極苦之時，乃利用之，以爲構思寫稿之機會。前之願留香港，今之且住桂林，即是此意。若天意不許畢吾工作，則亦祇有任其自然。以大局趨勢、個人興趣言之，遲早必須入蜀，惟恐在半年以後也。總之，平生學道，垂死無聞，而周妻何肉，世累尤重，致負并世親朋之厚意，唏已。拙著唐代政治史數日内可寫校完工，隋唐制度論原稿已攜出，意欲在此間令人重鈔清本或油印，即鈔寫之費亦不貲，西大如能代出固佳；不能，則將唐代政治史寄呈削正付刊。隋唐制度論則非弟親鈔一過不可，恐需半年時日也。又弟撰有魏書司馬叡傳釋證一篇供集刊稿者，俟寫清呈教。又有一事奉託那廉君兄或他位，即請代查本所集刊中有周一良論南朝疆域内民族及其對待政策之文，其題目如何？在何本何分？均求從速 示知爲感。匆此奉復，順頌

著祉

弟 寅恪頓首（一九四二年）八月卅日

八表妹想安好。所中諸友乞均道念，如欲知弟近況者，即求以此函與之一閱可也。中山、貴大、武大皆致聘書，而中央大學已辭了，而又送來并代爲請假半年（怪極）。弟於此可見教書一行，今成末路，蓋已不能爲生，皆紛紛改行，致空位如此之多，從未見銀行或税關之急急求人也。庚子山詩云：「何處覓泉刀，求爲洛陽賈。」此暮年之句也。

五十五

孟眞兄左右：

手示敬悉，弟現微病未能詳復，俟細細考慮，但可言者事即已與廣西大學訂了一年契約，且所授課亦以一年爲終結，故非至暑假不能成行，除非有不得不走之事發生也。又桂黔路七月間修至都匀，此亦弟欲待其成後可少坐汽車，免發心臟跳之病，他人或覺可笑，弟則最怕坐公路車也。據濟會祇肯撥五千，經無窮奔走求乞，始於今日收到五千元支票。毅侯先生屢函，諄諄以交與物理所轉帳爲言，並已告物理所。故弟雖歲暮至窘，亦不敢挪用。弟雖爲好利，然利之過微者雖得之所補無幾，遂不妨慨慷大方一下，可笑可笑。尊恙想已全愈，惟不過勞或生氣，自然不發。弟所患爲窮病，須服補品，非有錢不能愈也。奈何奈何，匆復。敬叩

儷安

弟 寅恪（一九四三年）一月廿日〔一〕

電報遲於航空信，故不發，諸公并候。

〔二〕此函王汎森原排作一九四二年十月廿日。以手跡複印件校對為「一月」，據信函內容當為一九四三年一月廿日（農曆十二月十五——「歲暮」）。

五十六

又啓者：弟在此無書可看，但翻閱四庫珍本中宋（集部）耳，所以思入蜀。然有最難解決之問題，即在桂林家用每月在三千元上下，前月因女工（用工人甚費，其食米及工錢無不關係）□去，本欲減省，邀家人全體勞作，弟亦躬親提水劈柴，內子則終日作菜煮飯，小孩子不入學而作丫頭，但不到數日，弟與內子（心臟衰弱）心臟病俱發，結果服藥打針用去千餘元。仍須雇工，桂林物價尚低於四川，若如來示所云，弟到李莊薪津約月千七百元，不識何以了之也。弟明知如此非了局，然身體關係，省則病或死，未知如正式薪水之外，有何收入可以補貼日用（弟今則賣衣物為生，可賣者將賣盡矣，因怕冷不能賣皮衣棉被，皮鞋則早賣矣）。因無一解決之法，遂不得不採取拖延之法。前年仍願留港者，即是不了了之法，今又如是矣，雖然廣西在遷建區外，所有新頒之改善生活方法，均不及四川，且大學校尤不及其〔他〕機關，故終亦不能不離去，以有契約及學生功課之關係，不得不顧及，待暑假方決定一切也，此數月內如有他種不得不離桂之情勢，或有特別可藉詞之事，亦可例外先去，否則不便也。說來說去總是一句話：薪津不足以敷日用，又無積蓄及其他收入可以補助，且身病家口多，過儉則死亡也。

寅（一九四三年一月）廿一日夜又啟

五十七

孟眞兄左右：到此一月，尚未授課，因所居鬧吵，夜間不能安眠，倦極苦極。身體仍未恢復，家人大半以禦寒之具不足生病。所謂「飢寒」之「寒」，其滋味今領略到矣。到此安置一新家，數萬元一瞬便完，大約每月非過萬之收入，無以生存。燕大所付不足尚多，以後不知以何術設法彌補？思之愁悶，古人謂著述窮而後工，徒欺人耳。拙著隋唐制度論稿已付謄寫否？匆此，順叩

儷安

弟 寅恪頓首（一九四四年一月廿五日）舊曆元旦

那先生函乞轉交。

五十八

簡叔廉君先生左右：前請將弟之書箱兩口設法寄下，不知如何？有便人否？頃見李芳（方？）桂太太言，李先生之家具等，亦正託人帶至成都。如李先生之物件果能啓運，則或可將弟之書箱一同帶來。如別有更速更妥之方法則尤妙。總之，悉求斟酌辦理爲感。此間中文普通書籍，動輒一册數百元數千元，一部竟至數萬元，弟手邊無書，教書至不便故也。專懇，順頌

撰祉

弟 寅恪頓首（一九四四年）一月廿五

所中諸友并乞代候。

那廉君（一九〇八——一九九七）字簡叔，生於北京。時任中央研究院歷史語言研究所秘書，并負責管理圖書。

五十九

孟眞兄大鑒：別後曾上一書，千頭萬緒，未能盡其一二也，現又頭暈失眠，亦不能看書作長函，或可想像得之，不須多贅。中央研究院評議會三月初開會，本應到會出席，飛機停航，車行又極艱辛，近日尤甚，此中困難諒可承　知我者原宥，惟有一事異常歉疚者，即總辦事處所匯來之出席旅費七千零六十元到蓉後，適以兩小女入初中交學費，及幼女治肺疾挪扯移用，急刻不能歸還，現擬歸還之法有二：（一）學術審議會獎金如有希望可得，則請即於其中在渝扣還，以省寄回手費。（二）如獎金無望，則請於弟之研究費及薪內逐漸扣除，若有不足，弟當別籌還償之法，請轉商　騮先先生，並致歉意爲感，弟全家無一不病，乃今日應即沙汰之人，幸賴親朋知友維護至今，然物價日高，精力益困，雖蒙諸方之善意，亦恐終不免於死亡也。言之慘然，敬叩

旅安

弟　寅恪拜啓（一九四四年）二月廿五日

騮先先生并諸友并候。

六十*

孟真兄左右：奉九月廿七日手書，知將有西北之行〔一〕。此函達渝，未識已啓程否。此行雖無陸賈〔二〕之功，亦無酈生〔三〕之能，可視爲多九公林之洋〔四〕海外之遊耳。聞彼處有新刊中國史數種，希爲弟致之，或竟向林、范〔五〕諸人索取可乎？「求之與抑與之與」〔六〕。縱有誤讀，亦有邢子才〔七〕誤書思之，亦是一適之妙也。匆此奉復，順頌

行祺

弟 寅恪頓首（一九四四年）十月三日

守和已寄款來，感荷感荷。然不久即告罄，何以支此許久之時日耶。

〔一〕此指一九四四年九月十五日重慶國民參政會提議傅斯年、冷遹等參政員組團視察延安。傅斯年等六位參政員事實上至次年七月初成行。

〔二〕陸賈，漢初楚人，從高祖劉邦定天下。使說南越尉佗，佗稱臣。帝令著秦漢所以興亡之故，因著新語十二篇，帝稱

善。

〔三〕酈生指酈食其，陳留高陽人。沛公（漢高祖）延之上座。號廣野君。常為説客，馳使諸侯。後請説齊王田廣歸漢。事見史記卷九七。

〔四〕事見鏡花緣。

〔五〕林，當指林伯渠。范，指范文瀾。

〔六〕事見鏡花緣第二十二回「遇白民儒士聽奇文」，將此句誤讀作「永之興，柳興之興」。

〔七〕邢邵字子才，北齊人，雅有才思，日誦萬言，有書甚多，不甚讐校，嘗謂「誤書思之，更是一適。」

六十一

孟眞兄左右：昨發一函，諒已先達，適有二事，故復作此書，行旅或尚未發也。

一、敵國大阪圖書館藏顧亭林蔣山傭殘稿三卷，及熹宗諒陰紀實（即熹廟諒陰記事——編者注）一卷，不知兄已見過否？抗戰前由清華劉雅（文？）典託人影得一分，前清華畢業生華成（忱？）之照寫一本，并校以四部叢刊本亭林遺書，其遺書本有，而字句不同或增減者，衹錄其異文，其所無者，則全鈔其文。大約皆是晚年書函，於濟南之獄，尤有趣，皆張石洲作年譜時未見者也。此鈔校本今由華君（現在一行政機關作秘書，其人乃徐森玉熟人）攜來成都，欲印一較佳之本，託弟訪問，弟不知此殘卷已印行否？又不知史語所可印否？（以能印稍佳之紙，及能自校爲條件，因本是校本，若又須校未免可笑。）便中希　示復。此殘本現在弟處，若不再印，恐原本將來有被炸之危險。

二、袁守和兄屢囑弟爲北平圖書館刊作文，實難再却。然弟除史語所外，作文須酬金，現在潤格以一篇一萬元爲平均之價目（已通告朋友，兹以藉省麻煩），而守和兄祇復以三百字一千爲酬（本爲千字一百五十元破格加倍），弟實不敢應命，因近日補治牙齒（不能請補助費），甚須費錢，且不能賤賣以壞信用，如守和尚在渝，希爲弟解釋，免生誤會。弟演講亦須萬元一次，四川大學之賤買，亦不能承命，因弟只能演講學術問題，須預備稿子，仍與作文無異也。

數月來以拔牙鑲牙之故，身體極不佳。又以貧故，多惹煩惱，如何如何，匆叩

行安

弟　寅恪頓首（一九四四年）十月四日

六十二

濟之
孟眞兩兄同鑒：弟前十日目忽甚昏花，深恐神經網膜脱離，則成瞽廢，後經檢驗，乃是目珠水内有沈澱

質，非手術及藥力所能奏效，其原因想是滋養缺少，血輸不足（或其他原因不能明瞭），衰老特先，終日苦昏眩，而服藥亦難見效，若忽然全聾，豈不大苦，則生不如死矣。 現正治療中，費錢不少，并覺苦矣，未必有良醫可得也。兹有一事即蔣君大沂[一]，其人之著述屬於考古方面，兩兄想已見及，其意欲入史語所，雖貧亦甘，欲弟先探 尊意，如以爲可，則可囑其寄具履歷著述等，照手續請爲推薦，其詳則可詢王天木兄也。弟不熟知考古學，然與蔣君甚熟，朝夕相見，其人之品行固醇篤君子，所學深淺既有著述可據，無待饒舌也。 匆此，敬叩

著安并祝

侍福

弟 寅恪頓首（一九四四年）十一月廿三日

所中諸友乞均代候。

賜示乞寄成都華西壩廣益路四十五號，不必由燕大轉，恐延誤也。

[一]蔣大沂（一九〇四——一九八一） 江蘇蘇州人。時任教於成都華西大學。

六十三

孟眞先生大鑒：寅恪已於十八日左眼動手術，情形嚴重，將來之結果現在尚不知。由重慶來函敬悉，所討論之數點，目前不能答復，數月後再談。寅恪經手術後，今日爲第九天，内部視網膜究竟粘合成功否？尚看不清楚，又因須平睡，不許稍動，極苦。而胃口大傷，雖備雞湯滋補之類，而終日鬧不消化，所食極少，體力難恢復，於眼膜之長合有大關係也，餘再告。此請

儷安

懷妹均此，恕不另書，仁軌甥想乖好。〔一〕

〔一〕此函應爲陳寅恪夫人唐篔代筆。——王注

唐篔寫此函時很匆忙，漏列署名、日期。據函内所稱，此函應寫於一九四四年十二月二十七日。——編注

六十四

孟眞兄
八表妹同鑒：寅恪第一次手術後正已一月〔一〕。據醫生〔二〕云，所粘之部分并未粘好〔三〕，認爲手術之結果不滿意，欲再動第二次手術〔四〕，而寅恪極不願意，恐二次之結果又不滿意，則失望更大。故今暫時採用静養及吃滋養品服藥之辦法，一月以來頗有轉機，已能見物，以前之黑影逐日縮小，寅恪之希望即養得永久能維持現狀，則爲滿意，惟視物仍不甚清楚，此爲最可慮之一點，恐其漸漸出水，日後必致惡化〔五〕。簣以學理觀之，似宜再動二次手術，而以其他種種事寔上之情形而言，如寅恪之身體及年歲高等等，則又不敢堅主張，是以躊躇難決，心中十分不安定。又加疲勞過度，遂大發心臟病，回家休養十餘日，今始漸漸起床。

兄等有何高見，望有以告我，則感甚，感甚。又醫生因我們之决定遲遲不答之，遂大爲不高興，而我們不欲使之卸責，所以種種方法拉住，不願使之逃脱，因成都除此醫院外，其他私家醫生更不行。故簣之應付環境極苦，而許多事又不願使寅恪知之，更不便與之商量，其苦可知矣。所寄來之款叁萬圓及貳佰玖拾陸圓貳角，均如數收到。專此，即請

儷安

篔上（一九四五年）一月十八日

仁軌甥想乖好。

(一)此處另有附語：「現在尚不許動，眼尚包着。」——王注

(二)此處另有附語：「陳醫生人很好，極直爽。」——王注

(三)信上端另有附語：「更有一洞之説不敢告寅恪，恐其神經受刺激太甚，以致影響失眼以及其他。」——王注

(四)此處另有附語：「愈早愈好。」——王注

(五)信上端另有附語：「惟恐漸漸出水以致網膜漸漸脱落加大，則最為可怕之一點。」——王注

六十五

九妹：
四弟：昨夜接電話及今早回信，皆未能達寅恪自己之意，今寅恪在床口授重要之意見如下：

一、眼睛暫不再開刀，因第一次開刀，不但未粘上，并弄出新毛病，若第二次再開，醫言又無把握，身體

更受不住，故現決定壹原則如下（同一時同一醫生同一器械不開）。

二、現靜養一月，漸有進步，前弄出之新毛病及未粘上之處，似已漸好，因覺目力與未發病時相差不多，故信營養及休息當可治療，不必一定冒險再開刀，恐致全瞎。萬一將來忽然變壞，然後再開亦不遲，此爲萬全之策。因此，前信[一]所説與教育部交涉諸事，已收到否？已寄與傅孟真兄閲否？結果如何，速覆爲盼。

三、如此間醫生詢問妹再開刀之意見，可答言（俟數月後再看情形如何，不必作決定之答覆）。此信詳閲後寄孟真兄。

四、妹暫時無來成都之必要，此請

侍安

寅口授於病榻（一九四五年）一月十八日

筼代筆

九妹、四弟即寅恪妹陳新午與丈夫俞大維。在九妹、四弟之上批有雙圈「重要信」三字。

俞大維（一八九七——一九九三） 浙江山陰（今紹興）人，時任國民政府軍政部常務次長。

〔二〕此處另有附語：「箕所書九頁之長信。」——王注

六十六

孟真先生大鑒：前上一函，諒已達左右。寅恪目疾住院已經月餘。自覺黑影縮小，卧床止於强光中看物尚清楚（但未帶〔戴〕近視鏡），較比開刀前似較好。彼自信静養之功效極大，目前自定原則有二：

（一）同時、同地、同器械、同一醫生，不再開刀。

（二）以静養及服藥吃滋養品爲治療。

今既須長時間之休養，則不得不各方籌劃經濟之來源。平時之家用每月增多，兩個月前已達四萬餘元，尚不能吃營養品。今在養病期中，必是加倍還多，更以物價逐日高漲，寔難定預算。燕京薪水僅足用一星期或十日。

先生前函所云：援華會之補助金一節，據梅貽寶〔一〕先生云，大約八萬至十萬。此亦不過補助一二個月而已。今有數事欲與　先生商量，並求指教者如下：

一、寅恪自前年（三十二年）暑假後離開廣西大學，來燕大授課，除領教育部所發正薪外（每月薪水陸佰元，研究費肆佰元，每六個月一寄，一次寄陸仟元），至如其他教授應得之種種生活津貼、食米及

薪水加倍等等（如其他部聘教授每月之所應得者），分文未領過。换言之，以往一年半以來（除領正薪及少數研究費外），已替國家（即教育部行政院）省下将近貳拾萬矣，此點望能使當局明瞭及注意。此第一事也。

二、寅恪此次病眼，醫院開支總在貳拾萬上下（大約再數星期後出院），皆由燕大付出，而家中用度又已近十萬（買特別藥及滋養品，需自付），已收到教育部五萬元，中央研究院三萬元。此後回家静養，所需一定較平時用度爲多，由燕大每月之收入約兩萬，即在平時已不敷用。寅恪向不願兼事，今病更不能兼矣。所以希望教部於養病期中，每月能有巨款醫藥費之補助，此第二事也。

三、寅恪當教授已十九年半，只在抗戰前曾休假過半年。今年擬向教部請求休假一年，以著作爲名（元白詩箋證），此第三事也。

四、寅恪雖在私立燕大授課，希望能如其他之部聘教授分發於國立大學者同樣待遇。除正薪外，尚有薪水加倍，生活津貼及食米等等，由教部撥與燕大轉發。蓋此數在國家雖省下來爲數極細微，而在個人則可得幫助不少。且寅恪意既有部聘教授之名義，更願名實相符，則寅恪之在燕大，可處於客座之地位，此意　先生定能瞭解，此第四事也。

以上四事，請　先生斟酌如何，有無不合理處？四事中以第二及第四兩項爲最重要，亦最難辦到，故惟有望於　先生者，請先以私人之關係，向騮先部長先生説明之。即先用人事之疏通，然後由燕大去公

文請求補助，庶可事半而功倍也。此信係寅恪授意囑篔專函奉達，并乞　示覆是盼。專此，即請

儷安

陳唐篔敬啓三十四年（一九四五）一月二十六日

八表妹均此致意，恕不另具。

仁軌甥想甚乖好。

〔一〕梅貽寶時任成都燕京大學代理校長。

六十七*

孟眞先生史席：寅恪以目疾卧床，一二月内尚難讀書寫字，囑將何兹全〔一〕君論文一篇，及蓋章空白紙二張寄奉　先生代爲審核填寫。一切皆請全權決定。有勞清神，容當後謝。蔣大沂君之著作、履歷等件，頃亦已由寅恪囑其以快函逕寄濟之先生處矣。知關錦注，併以附聞。即

頌

著祺

陳唐篔敬啓（一九四五年）二月一日

〔一〕何茲全時任職李莊中央研究院史語所。

六十八〔一〕

孟眞兄：一月二十三日來函已悉，今將弟之意見述之如下（以下各條係寅恪自書囑篔抄之）：

一、部聘教授薪，問之方桂，似較史語所略多，又弟現在燕大之薪金出於哈佛燕京社，方桂薪亦如此，若弟將來之收入一部分出自教部，則尚受中國人之錢，比全由美國人豢養，稍全國家體面。又弟與方桂代表史語所兩組，若二人薪皆由本所交與燕大，恐外人有史語所半數移於燕大之誤會，故再三考慮，請　兄與教部交涉，請將部聘教授應得之薪金、生活補助費、米貼（即食米一擔）等等（燕大之米係自購，若糧食部發與弟所得之米，則可不要燕大再爲弟購米可也），即照成都川大部聘教授之全數寄與燕大轉發，倘須燕大備文呈請，亦乞　速示知，以便照辦。至向教部請休假一節暫可不提，至要至要。

二、如教部事不易辦，而養病費無着時，亦可請騮先先生呈蔣公，但須并與譚伯羽〔二〕兄及大維商酌方妥。

三、兄及第一組諸位先生欲贈款，極感，但弟不敢收，必退回，故請不必寄出。

四、U.C.R. 之補助費一節。今日梅貽寶兄來言，已將弟列入成都區。

弟現住之醫院爲教會所立之存仁醫院，住院費及手術費等先由燕京擔保，再向U.C.R. 請求補助，但不知至多可請若干也。其他如每日吃飯（醫院飯不可食）及滋養品、打針藥等，所用亦極大，皆由家中付出。故各方寄來之款即用於此項上，而此項乃一長時期之開支也。宋院長〔三〕曾寄四萬，分兩次寄來，皆由杭立武兄經手撥來。聞　兄亦有心跳病，望多珍攝是幸。弟之病眼前所不能看見之處，現已能看見，故決定靜養數月，不用目力，以待復原。專此即請

儷安

弟　寅恪上（一九四五年）二月二日

懷妹均此問候。

離渝前兩函均收到。

〔一〕此函應為陳寅恪夫人唐篔代筆。——王注

〔二〕譚翊，字伯羽，譚延闓長子。時任經濟部常務次長。

〔三〕當指代理行政院長宋子文。——王注

六十九*

孟眞兄：前

兄在渝託余又蓀兄代寄之信（一月卅日函重慶寄出）今日（二月三日）始收到。內有兩事須答復者，分述之如下：

一、補助金事，已將表格填好，直寄總辦事處丁巽甫〔一〕余又蓀兩兄。燕京方面亦已填去，弟雖由兩方皆報，但決不領重份，惟以何方較多者則取之耳。

二、李光濤〔二〕先生升副研究員一事，可照辦。弟有圖章一枚在蕭綸徽〔三〕兄處，可用。即請代辦是幸。

專此，敬請

儷安

弟 寅恪上（一九四五年）二月三日

〔一〕丁燮林，字巽甫，時任職中央研究院。余又蓀時任重慶大學教授，亦任職中央研究院總辦事處。

〔二〕李光濤時任中央研究院史語所助理研究員。

〔三〕蕭綸徽，見致蕭綸徽陳述函。

七十

孟眞兄：接二月廿二日信，敬悉一是。部聘教授之米及生活補助費事，未經　兄與教育部商妥前，燕大似不宜遽先呈請，以免蛇足，且恐措辭不合又生麻煩，故擬俟　兄與教部商洽定妥辦法示知後，再照部擬之辦法呈請，較爲妥便。總之，此辦法手續麻煩，恐難辦妥，最簡單辦法，莫如特請某公補助，此節請　兄與大維等商酌，至於川大，則其校長不但不能幫忙，反而有礙，徐中舒君知之甚詳，茲不必多說。弟并非堅欲補發以前應領之費，前函所以提及者，不過欲使教部知之耳。弟目近日似略有進步，但全侍(視)營養如何而決定，營養之有無又以金錢之多寡爲決定，弟此生殘廢與否，惟在此時期之經濟狀況，所以急急於爭利者，無錢不要，直欲保全目力以便工作，寔非得已，區區之意，諒　兄及諸親友能見諒也。　兄等坐木船來渝，想甚辛苦，然沿途春景頗可賞玩，亦一新趣，敬請

及養病也。趙太倂兄處尚無信來。陰曆年後成都物價更大漲，燕大薪水更不够用，故非有另外收入不能生活

儷安

弟寅恪拜上（一九四五年）三月七號

七十一*

孟眞兄：十五日

手書敬悉。教育部手續麻煩，則由中央研究院辦理，事更簡單迅速。即請

兄速辦，將款寄下，以應急需。弟近日用費甚多，即使領到此款亦尚不足，似仍有請求特別補助之必

要，乞與　騮先先生及大維等商酌，并希　示復爲感。

又U.C.R.之協助款，弟究應向研究院抑向成都區領？雖曾在兩處填表，而至今尚均無着落。故此項

協助費亦欲早日領得，以便補助藥物飲食調養之費，并請注意設法。

又蔣大沂君之著作，曾寄李莊，收到否？濟之兄意如何？

專復，順頌
儷福

諸友均代爲致意。

弟 寅恪上（一九四五年）三月廿一夕

七十二*

孟眞兄大鑒：接 任叔永先生來函，謂已交三萬元至中央研究院寄下，但尚未收到。又中央研究院款亦未到。請一併催院中寄下。尊病愈否？念念！此請
雙安

弟 寅恪謹啓（一九四五年）四月十二日

七十三*

孟眞兄左右：四月廿三日

手書敬悉。尊恙近如何，念念。兹附上呈教育部函，乞轉交。至兄與馬季明[一]先生函，并未收到；如未另寄，乞速寄下，以便與史語所交換公文，照方桂兄前例辦理。弟目疾近稍有進步，特此附聞。敬頌

痊安

弟　寅恪敬啓　三十四年（一九四五）四月卅日

附呈教育部高等教育司函。

〔一〕馬鑑字季明。

七十四

孟眞兄左右：前寄上致教育部函託兄轉交者，想早已收到，惟燕大方面尚未收到史語所來信耳。弟

未病時，已草成元白詩箋證一書，尚待抄正。　兄前有函云，史語所可付抄寫費用；今弟欲於一二月後，令燕大國文系高級生，由弟指導抄寫及查對原文，以了此公案。不知史語所每月能付抄寫費若干？及由何時付起？均請　示知，以便辦理。　尊恙如何？極念，極念。關於弟之病目，據兵工署駐美代表江星初君函云，特别眼鏡（Telescopic Lense）可以在美配製，但須請林文彬醫生驗目以後，開單寄美，始能照辦。弟之眼睛正在轉變中，尚未固定，故亦不能急於配製也。敬請

痊安

弟　寅恪敬啓（一九四五年）五月十六日

七十五

孟眞先生大鑒：寅恪臨行匆忙，未得親自致函告知一切，而　手書到時渠已離蓉，篔當早日奉答，豈知小女忽患急性盲腸炎，送醫院施行手術，淹纏經旬，是以遲遲未克奉覆，歉仄殊深。陳槃、勞榦兩先生事，即請　先生代寅恪作一提案，寅恪無不同意，此一向爲　先生所知也。今附上空白蓋章信紙一張，乞爲代辦爲感。寅恪此行〔一〕實以治眼爲第一目的，對於牛津就職與否，尚待治眼後再考慮；此層亦爲牛津方面所瞭解（眼疾太遲則不治，時間關係極爲重要），又以結伴邵〔二〕、孫、沈、洪四先生，遂毅然起

行，實不得已也。多承　先生奔走爲之促成，感何可言。聞　先生左眼亦病，而工作加多，熱心爲人，固難擺脱，然爲公爲私，仍希　珍重，不宜過勞，至爲切盼。今有一小事相煩，林肯君即林可儀先生之子（其母王啓潤表妹，現住舍下），月前忽然出走，致使其母卧病於此，寅恪遇林肯於昆明，力勸其回蓉，篔不能坐視，已代籌路費五萬元匯昆。請探林可儀先生之住址。並將另紙請林君一閲。並懇代索五萬元，由　先生匯篔爲妥，不如此，恐難收到也。瑣事煩擾，不安之至。即請

儷安

八表妹均此，恕不另具。

篔手上（一九四五年）十月四日

〔一〕此頁空白處另有附語：「臨行囑篔者也，一年歸國亦未可知，借此答拜牛津之友誼盛情。寅恪云祇接受友誼之幫助。」——王注

〔二〕邵循正。——王注

七十六

孟眞先生大鑒：久困病榻，未克奉告寅恪之消息，今略述之。寅恪已經過兩次手術，第一次爲成

功，第二次爲無效，白受辛苦。現在不必再施手術，經十星期之靜養，即可買棹歸來，但直航上海之船極少，須等待機會；又途中必須結伴，因目光模糊，行動尚不甚方便之故。抵滬時望家人去接，擬在南京小住，再定行止。最近主治醫生檢驗之結果及寅恪自己之經驗，總起來的結果簡述之於左（抄來信）：

壞處（左眼的視綫已完全）

（一）眼睛吸收光綫尚無進步，視綫雖完全，而模糊（不過滴麻醉劑很久瞳孔尚未縮小）之程度較甚於前。

（二）醫生說：「不會再脱離了」，此說頗懷疑。

好處

（一）醫生將我神經的部位變更（即第一次手術所作之工作），我從左眼的左上角向右下角看比較清楚，所以可以與右眼打成一遍（片？），不像從前有一條黑影間隔。如坐下，低頭寫中國字，由右向左，沒有重疊的毛病。喫飯等事，亦較方便。可惜我右眼目力不好又左眼模糊，不然便可以看書與好眼無異。此點乃此行所得的結果，在中國恐怕做不到的。

（二）我的右眼是比以前稍稍好一點，在成都左眼動手術後，右眼忽然有一片黑影，在英國動手術後，此黑影已不見。進步雖小，但此眼是有進無退，十年無變更，想是停止再壞，將來左眼如果全掉，我也不致全瞎(醫生說我左眼上部稍微粘上一點，所以往下看得比較好)。

(三)左眼〔在英〕動第一次手術時，是將神經的部位變更，成功，故視綫完全。第二次是想粘上脫離之部分，失敗，據醫生說不會再掉了(此點寅恪頗懷疑)，總起來說是比出國時好。

據該醫生說勿須再施手術，現在已搬出醫院，住於療養院内休養數月。寅恪本有意隨郭子杰〔二〕兄之伴赴美國，看更有無其他方法補助左眼之模糊，又恐所帶之款不够，此事正在躊躇中，請　先生與　騮先先生、　立武先生一談如何？

元白詩箋證稿篔已請人着手抄寫，俟寅恪歸來，再删改後即可付印。此項抄寫費是否可出自史語所？大約三萬左右(并未詳細計算)。史語所何日出川？有何計劃否？燕大成都方面整個的關門結束，教授之去留以北平燕大之聘書而定，受聘者始能談到回平的話。北平方面已屢來信拉寅恪(哈佛研究院祇是研究工作)，而寅恪尚無答覆。　先生之意如何？望有信直接寄英，以助其考慮，其通訊處如下。

此請

著安

陳唐篔拜啓（一九四六年）二月十九日

Prof. Chen Yin Ke (陳寅恪)

c/o Prof. H. C. Shao（邵循正）
Balliol College,
Oxford, England

〔一〕郭有守。——王注

七十七*

孟真先生大鑒：前上一函，想已達左右。近日屢接寅恪來書，對於病眼治療之結果頗爲失望。本擬再往美洲一行，今以種種不便，旅費亦不敷用，遂決定等船及覓伴歸國。船亦不多，伴更難得，不知何日始能離英。

茲有一事奉懇者，寅恪有書籍四箱，擬託歷史語言研究所復員時同運至南京。事前頗可託五十廠便車先帶至重慶，但不知可交與何人？乞

先生酌，指定某處某人可接洽，并代爲保管者。乞　示知爲盼。此事亦曾寫信與彥堂先生。瑣事煩擾，不安之至。專此，敬請

道安

陳唐箕拜啓（一九四六年）三月十六日

寅恪來書云：對燕大事已辭謝，大約欲回清華或回史語所專事著作。　箕又及。

致陳　垣

一

再啓者：吴君其昌清華研究院高材生，畢業後任南開大學教員，近爲美國斯丹福大學經濟學會搜集中國經濟史材料。吴君高才博學，寅恪最所欽佩，而近狀甚窘，欲教課以資補救。師範大學史學系，輔仁大學國文系、史學系如有機緣，尚求代爲留意。吴君學問必能勝任教職，如不能勝任，則寅恪甘坐濫保之罪。專此奉陳，並希轉商半農先生[一]爲荷。

寅恪再啓（約一九二九年）九月十三日

（陳智超先生提供複印件。其中一、三、六、九、十六函因缺複印件，則録自陳垣來往書信集陳寅恪來函）

陳　垣（一八八〇——一九七一）　字援庵，廣東新會人。時任輔仁大學校長，北平師範大學教授。

〔一〕半農，劉復字，時兼任輔仁大學教務長。

二

援庵先生大鑒：鋼和泰君言，欲於下星期五（一月三號）十二時半請公午餐，以便領教。如下星期五無暇，則改再下禮拜五（一月十號）十二時半。若每週禮拜五無暇，則除禮拜二、六兩日外，其餘之日均可，務求勿却。其意懇摯，想公亦不拒絶也。鋼君住東交民巷臺基廠奥國使館舊兵營俱樂部内，詢閽人即可引導至其寓所。特此轉達，敬乞　示復爲感（請以電話示知，因鋼君欲於禮拜一日得回音，郵函恐遲到故也）。恭叩

著安

寅恪謹上（一九二九年）十二月廿七夕

三

援庵先生賜鑒：頃清華教員王君以中來言，　尊處藏有殊域周咨錄一份，不知能允許借鈔否？王君爲

李君濟之助教，專攻東西交通史，故亟欲得此書一觀也。專此奉詢，敬叩
撰安

陳寅恪謹上 二月三日

四

援庵先生道鑒：前呈拙文〔一〕首段，誤檢年表，致有譌舛，可笑之至，疏忽至是，眞當痛改。乞勿以示人，以免貽笑爲幸。匆此，敬請
著安

寅恪謹上（一九三〇年五月〔二〕九日

〔一〕指吐蕃彝泰贊普名號年代考一文。——陳智超注

〔二〕參見寅恪致胡適函二署「五月九日」。

五

近見西文本二種，似皆有可參考之價值者，謹於別紙錄上，乞　察覽。匆此，敬叩

援庵大師著安

寅恪拜（一九三〇年）十月十九日

1. W. Barthold：土耳其斯坦史（蒙古侵略時代）Turkestan down to the Mongol Invasion（Turkestan at the Time of Mongol Invasion）（Gibb memorial Series，London）本俄文，新譯成英文。

2. Epigraphica Indica Vol. 2nd. by Konow 印度石刻第二册（貴霜時代）作者爲那威人，但用英文。此書有叙論一篇，綜述西人關於月支塞種問題之研究。

六

援庵先生道席：久不承教，渴念無已。聞輔仁大學有藝術系之設，湯定之先生滌，畫學世家，諒公所

知，洵中國畫之良好教師也。敬舉賢能，以備采擇延聘，不勝感幸之至。專此，敬叩

著安

陳寅恪謹上 九月十九日

七

援庵先生道席：伯希和教授[一]住址開列於左：

Prof. Paul Pelliot，38 Rue de Varenne，Paris VII，France.

匆此，敬叩

著安

寅恪頓首 三十一夕

[一]伯希和（一八七八——一九四五），法國漢學家。

八

援庵先生賜鑒：頃欲乞靈於　公所編全唐文、全唐詩等索引，謹將人名列後，蘄轉托記室諸君代爲一檢，不勝感激之至。專此奉懇，敬叩

著安

寅恪拜啓　四月五日

大中時代：王瑞章　陳元弘　左承珍

九

援庵先生賜鑒：宋史新編及七克奉還，乞　察收。天學初函諸書尚欲一讀，便中檢出時仍求惠借，但不必急急也。專此，敬叩

著安

名理探收到，謝謝。

寅恪謹上　九月十一日

十

援庵先生著席：頃欲檢「布拉特阿哈」（元世祖時派赴波斯者，其父名卜兒吉。新元史卷二十八，十六頁上，氏族表上。）事跡，非乞靈於尊編之七家元史類目不可，求便中　示復，不勝感激之至。匆叩暑安

寅恪謹上　八月八日

十一

援庵先生大鑒：頃接傅斯年君電云：「援庵先生件，院核准」等語，謹以奉聞。又前借之元書，久未奉還，甚歉，一二日内當即遣人送上也。匆此，敬請

著安

寅恪頓首 三月一日

十二

援庵先生道鑒：昨日快聆

教論，欣慰欽佩之至。承　詢及拙撰短文，無聊之作，謹奉上。實不堪供

大師一覽也。昨又蒙　賜木刻本史諱舉例及　轉贈索引二種，感荷感荷。歸檢水經注引得尚有第一

册在　尊處未攜回，乞　便中交下，以成完書爲感。敬叩

著安

寅恪拜啓 十月十五日

傅君[一]尚未晤。俟星期六會見後即可將昨談事辦妥也。

[一]傅君，指傅斯年。

十三

援庵先生道鑒：久未承

教，渴念無已。岑君〔一〕文讀訖，極佩（便中乞　代致景慕之意）。此君想是粵人，中國將來恐只有南學，江淮已無足言，更不論黃河流域矣。寅近作短文數篇，俟寫清後呈　正。所論至淺陋，不足言著述也。匆此奉復，敬叩

著安

寅恪再拜（一九三三年）十二月十七夕

〔一〕岑君，指岑仲勉。廣東順德人。岑文載聖心季刊。

十四

援庵先生著席：頃讀

大作[一]訖，佩服之至。近來日本人佛教史有極佳之著述，然多不能取材於教外之典籍，故有時尚可供吾國人之補正餘地（然亦甚尠矣）。今公此作，以此標題暢發其藴，誠所謂金鍼度與人者。就此點言，大作不僅有關明清教史，實一般研究學問之標準作品也。拜誦之後，心悦誠服。謹上數行，以致欽仰之意，尚希垂鑒是幸。專此，敬叩

撰安

寅恪謹上（一九三四年）四月六日

家人多患病未愈，雜務頗多，俟得暇再詣

尊寓承　教。

寅恪附申

〔一〕指從教外典籍見明末清初之天主教。——陳智超注

十五

援庵先生道鑒：

手示敬悉。寅病愈當入城趨謁，面領　教言，不敢煩　公遠出郊外。秘史〔一〕韓本前在巴黎伯君〔二〕家匆匆一見，亦不知其與葉刊優劣如何也。專復，敬請

著安

寅恪謹復五月四日

〔一〕秘史，元朝秘史。——陳智超注

〔二〕伯君，指伯希和。

十六

援庵先生著席：孫君道昇，前清華哲學系畢業高材生，學術精深，思想邃密，於國文尤修養有素。

年來著述斐然，洵爲難得之人材。聞輔仁附屬高中國文課尚需教員，若聘孫君擔任，必能勝任愉快也。專此介紹，敬頌

道祺

寅恪拜啓七月廿三日

十七

援庵先生史席：俞君大維詢超性學要上海土山灣本與近北平（？）刊本有無異同。前年蒙 惠賜一部，因移居不知置何篋中，遍覓不見。以意揣之，兩本皆同翻印順治本，當無不同之處。又前所賜本，何人何地所印，并求示知，以便轉復。瑣屑瀆擾，惶悚惶悚。敬叩

撰安

寅恪謹上（一九三七年）五月十五日

虞山之游必大有發見，亟願早聞其概略也。

十八

援庵先生道鑒：

手示敬悉。拙著〔一〕承　代爲分送，感謝之至。北方秋季氣候最佳，著述想益宏富。滇中友人又須遷蜀，現正在轉徙中也。匆此復謝，敬叩

著安

寅恪頓首（一九四〇年）十月十九日

諸友人處乞　代致意。

〔一〕指秦婦吟校箋一文。——陳智超注

致胡適

一

適之先生：匆匆離滬，不及
詣談爲歉！前讀
大著中多新發明，佩甚，佩甚。惟鳩摩羅什卒年月似應據廣弘明集僧肇什公誄文。因開元釋教録
什公傳末所附諸問題，非得此不能解決。高僧傳所載年月恐不可依據也。身邊無
大著，舟中無事，偶憶及之。今以求
教，尚希
指正爲幸。敬叩
著安

弟 寅恪頓首（一九二八年九月？）廿六日青島舟中

（除函七録自汪榮祖胡適與陳寅恪文末之「陳函原跡」外，其餘七通皆録自耿雲志主編胡適遺稿及秘藏書信册三十五頁四〇七至四一七影印原函。此七函多寫於三十年代上半期。該册頁四〇六誤作陳函，故不收録）

胡　適（一八九一——一九六二）　字適之，安徽徽州績溪人。時任北京大學文學院院長。

二

適之先生：弟前作大乘義章書後〔一〕乃將作者弄錯，可謂笑話。現已改正，幸未刊印也。危險危險，眞不能再作文矣。匆此，敬請

著安

弟　寅恪頓首（約一九二九年）十月十四

〔一〕大乘義章書後首刊於一九三〇年六月中央研究院歷史語言研究所集刊一本二分。

三

適之先生著席：弟前謂淨覺爲神秀弟子，係據敦煌本歷代法寶記之文「有東都沙門淨覺師，是玉泉神秀禪師弟子，造楞伽師資血脈記一卷，……」（大正藏五十一卷一八〇頁中）今函公教正，惜公稿已付印，吾未改正爲憾耳。敬復，并申謝意。即叩

日安

弟寅恪頓首（一九三〇年？）四月三十日

四

適之先生：前寄之拙文首段誤檢年表，疏忽至是，可笑之極。乞勿以示人，以免貽笑爲感。匆此，敬請

著安

弟寅恪頓首（一九三〇年〔二〕）五月九日

〔一〕據寅恪致陳垣函四為「一九三〇年」。

五

適之先生：昨談錢稻孫先生欲譯源氏物語，諒蒙贊許。近來又有清華教員浦君江清欲譯Ovid之Metamorphoses。不知公以爲然否？浦君本專學西洋文學，又治元曲，於中西文學極有修養，白話文亦流利，如不譯此書，改譯他書，當同一能勝任愉快也。又清華研究院歷史生朱君延豐（去年曾爲歷史系助教，前年大學部畢業生也）欲譯西洋歷史著作，不知尊意以爲如何？是否須先繳呈試譯樣本，以憑選擇？大約此二君中，浦君翻譯正確流暢，必無問題，因弟與之共事四五年之久，故知之深。朱君則歷史乃其專門研究，譯文正確想能做到，但能流暢與否，似須請其翻譯一樣式，方可評定也。匆此奉陳，敬叩著安

弟　寅恪頓首（一九三一年）二月七日午後九時〔一〕

〔一〕杜春和、韓榮芳、耿來金編胡適論學往來書信選收録此函時有注：據函封郵戳為「北平，二十年二月八日」，確定此函寫於一九三一年二月七日。

六

適之先生：頃偷讀

大著銷釋眞空寶卷跋，考證周密，敬服之至。柏林圖書館藏甘珠爾爲德税務司購自中國者，據云爲萬曆時寫本。弟見其上有西夏字，而公謂此卷爲萬曆時所書，適與西夏文書同地發見，則彼時西夏文或尚有人通解，此重公案，尚待勘定也。弟昨日始得讀寶卷之全文，匆匆一過，無所發明，惟見其中字體明神宗以前之諱皆不避。明自萬曆後，避諱始嚴，此卷何故不避。但明代避諱之制實較寬，此卷爲邊地寫本，或不足深論。但中有二句「正觀殿上説，唐僧發願西天去取經」，則正觀乃貞觀，指唐太宗而言，正字代貞，如文正之代文貞，本避宋仁宗諱。元代無諱，此卷或是元代西北方漢人闗於聯綴語詞，狃於習慣，不復知其本字。如民國無諱，而今日人書萬曆猶多作萬歷者，蓋其人不必爲清室遺老猶避舊朝之廟諱，不過因沿舊習，尚未改用

本字耳。佛經云不避諱，却見宋本仍有避者，此卷爲民間文字，自不能與佛經正文同科竝論也。此節欲求

教於

專家。又卷中譌別之字頗多，若正觀之代貞觀，亦如功案之代公案，則此疑問自不成立。然亦無證據可決其爲誤書而非避諱也。匆叩

著安

寅恪頓首（一九三一年）三月卅日

七

適之先生講席：昨歸自清華，讀

賜題唐公墨跡詩[一]，感謝，感謝。以四十春悠久之歲月，至今日僅贏得一「不抵抗」主義。誦

尊作既竟，不知涕泗之何從也。專此敬叩

著安

弟 寅恪頓首（一九三一年）九月二十三日

（二）汪榮祖文後附「胡適詩原跡」，現一併録於後。胡適寫於「九一八」事變後一日。題唐景崧先生遺墨（陳寅恪囑題）

南天民主國，回首一傷神。黑虎今何在？黄龍亦已陳。幾支無用筆，半打有心人。畢竟天難補，滔滔四十春。

廿（一九三一年）、九、十九日下午

唐景崧遺墨原詩見陳寅恪詩集附唐篔詩存頁七八南注生原作。現亦附録於後，供參考。

為人作書口占二絶冬陰已久立春忽晴亦快事也

蒼昊沈沈忽霽顔，春光依舊媚湖山。補天萬手忙如許，蓮蕩樓臺鎮日閒。

盈箱縑素偶然開，任手塗鴉負麝煤。一管書生無用筆，舊曾投去又收回。

八

適之先生：前函介紹之朱延豐先生欲面謁
公，有所承
教，敬蘄
接見爲幸。匆叩

著安

弟　寅恪謹啓（約一九三二年）十二月三日

致羅香林

一

香林吾兄先生執事：

手示敬悉。亮丞〔一〕先生處已代詢，俟有回音，再行奉　聞。匆復，敬叩

暑安

弟　寅恪頓首（約一九三〇年八月）十日

（李玉梅先生提供香港大學圖書館館藏書札之複印件，函一至五及八同）

羅香林（一九〇七——一九七八）　字元一，號乙堂，廣東興寧人。一九三二年清華大學研究院畢業。同年九月南下廣州，任中山大學校長室秘書兼廣東通志館纂修。

〔二〕亮丞，張星烺字。

二

香林吾兄先生大鑒：頃接楊杏佛先生書，寄上，乞察覽。專此敬叩

暑安

弟 寅恪頓首（約一九三〇年）八月十八夕

三

香林吾兄先生執事：

手示敬悉，俟下學期弟到清華時再面談。先此奉復，敬叩

暑安

弟 寅恪頓首（約一九三〇年八月）十九夕

四

香林吾兄足下：頃在講堂曾議改鐘點，現查與紀念週衝突。既與學校定章有妨礙，似犯不着故意不遵，注册部已排定星期二、四第四時，更不必再改動。前議改星期一之説，即行取消。至於與法文鐘點衝突，衹好聽之而已。下星期仍爲星期二、四之第四時。請

足下轉告同班諸君爲荷。匆叩

學安

弟 陳寅恪頓首（一九三一年四月）十八日下午四時〔一〕

朱延豐君編譯事，待得知詳悉情形再面談。乞 轉達。

（汪榮祖先生亦提供鈔件）

〔一〕參考羅香林回憶陳寅恪師（傳記文學十七卷四期）中胡適廿年五月三日致寅恪函與寅恪致胡適函三以及清華紀念週（校慶爲四月最後一個星期日）等内容推測，此函寫於一九三一年四月十八日。

五〔一〕

甚妥，「家譜族牒中客家之源流」，想必極有精采，欲急一讀也。各案件想皆能一一注明年月出處，以便復檢。弟若無所心得，則不敢序尊作，若有一得，亦擬寫出求教。至外國文字，弟皆不能動筆作文，尚希諒之。

寅恪匆匆讀訖，謹附識數語（一九三二年）五月二十六日

〔一〕寅恪看了羅香林「客家史料匯篇」大綱後之復函。

六

香林吾兄先生惠鑒：

手示敬悉，已函託蔡、楊〔一〕兩公矣。惟中央研究院近日經費至窘，每月經費約十萬，戰事起後，久已

未領到。上月全院僅領到五千元，似此，薪水已不能發，今日在南京召集各所長會議，即大約爲此。照此情勢，學術事業必難進行，凌君[二]雖贊成調查，亦恐不能實現也。匆復，敬叩

著安

弟 寅恪敬復（一九三二年）十一月十四日

（胡守為先生提供香港大學圖書館館藏書札之複印件，函六、七同）

[一]蔡，指蔡元培；楊，指楊杏佛。

[二]凌君，指凌純聲，時任中央研究院歷史語言研究所第四組研究員。

七

香林吾兄先生惠鑒：蔡公函附上，即乞 察覽。專此敬叩

研安

弟 寅恪頓首（一九三二年）十二月九日

八

香林吾兄先生著席：

手示敬悉。近日時局如此，華北前途，尚難預測。兄暫還珂里，網羅搜集鄉邦文獻，實爲上策。逖先先生[一]晤時乞代致意。曹溪通志，如有便，祈見寄一部，若費力費錢，則可不必也。匆此奉復，敬

叩

撰安

寅恪頓首（一九三三年）一月一日

又貴同鄉梁君[二]作十三行考，來書囑弟作序。弟固對此事素無研究，不敢任意敷衍成文，便中乞轉致鄙意，求其原諒。

[一]逖先先生，指朱希祖，時任中山大學文史研究所主任。

[二]梁君指梁嘉彬。廣東番禺人。清華大學畢業生。撰廣東十三行考，一九三七年初版時年二十七歲。

致梅貽琦

一〔一〕

月涵吾兄先生：晤芝生兄〔二〕，示弟下學年休假須照例具一正式請求書，即依照辦理。茲附呈一，即希察覽爲荷。匆此敬叩

日安

弟 寅恪頓首（一九三二年三月）三日

（録自清華大學檔案館館藏原函，下同）

梅貽琦（一八八九——一九六二） 號月涵。天津人。時任清華大學校長。

〔一〕致梅函一、二、三情況相同。按清華之教授休假制度，排定寅恪於一九三三年休假半年，於是例行申請。

〔二〕芝生，馮友蘭字。時任清華大學文學院院長。

二

敬啓者：寅恪下學年請照章休假半年。敬祈
核准爲荷。專此敬叩
公安。此致
梅校長

陳寅恪謹啓（一九三二年）三月三日

三

月涵吾兄先生大鑒：本年二月廿三日
手示敬悉，弟擬於下學年第二學期起至暑假休假半年，藉資調養。準函前因。專此奉復，并交

由佩弦[一]芝生廷黻三兄轉呈。即希

鑒察見

復爲荷。順頌

公祺

寅恪謹復（一九三二年）三月六日

[一]佩弦，朱自清字。時任清華大學中國文學系教授兼系主任；廷黻，即蔣廷黻。時任清華大學歷史系教授兼系主任。

四

月涵吾兄先生執事：朱君[一]不派出洋事，當日教授會議時弟首先發表宜只派邵君[二]一人。廷黻先生時爲主席，詢問大家意見，益無主張，迨弟發表意見後，全體贊同，無一異議。弟之主張絕不顧及其他關係。苟朱君可以使弟發生出洋必要之信念者，必已堅持力争無疑也。至謂系主任與之有意見（無論其眞有與否，即使有之，亦與弟之主張無關涉），「其他教授亦隨同系主任之主張」者，則不獨輕視他教授之人格，尤其輕視弟個人人格矣。總之，此次史學系議決只派邵君而不派朱君一事，弟負最大最多之責任。此中情形經過如此，恐外間不明眞相，特函陳述。如有來詢者，即求代爲轉述，藉明眞相而袪誤會爲荷。敬叩

日安

弟 寅恪頓首（一九三四年）一月八日

〔一〕朱君，指朱延豐，為寅恪所指導之研究生。

〔二〕邵君，指邵循正，並非寅恪所指導之研究生。

五

月涵吾兄先生左右：弟於離昆明前當奉訪辭行，因恐不值，特預作一書，陳述一切，敬希

垂察。

一、前晤金龍蓀兄〔一〕，知已將内子在港病劇及催弟速歸情形奉告。弟因校課關係不便遽回，勉强留滯，以期逐漸結束，庶可稍盡責任。大約預計本月二十日可以結束，故擬二十日後有適宜之快車及同

伴，便赴河内，特此奉　聞。

二、弟於牛津教書極不相宜，故已辭謝兩次，後因内子有心臟病，不能來昆共聚一地，種種不便，而郭復初又以中英合作，即大使館與牛津之關係爲言（其實弟無宣傳之能力，郭所言實可以以愛莫能助答之），故不得不試爲一行，其實爲家人可共聚一地計也。今内子病後能赴英與否大成問題，即能赴英，而第三小女僅二歲，必難攜往，蓋牛津俸薄（年俸八百五十鎊，須扣所得税），初到英須製備家具等，故多僱傭僕勢難作到，尤覺窘困。現中英文化協會雖借款三百鎊作旅費，但須償還，且不能過久。現内子在港醫藥即挪用此款，故弟更不能不去英矣。此次内子若不能偕往，則弟所以欲赴英之目的（即家人共聚一地之目的）全不能達到，殊非弟之本意也。因此頗不願久留英，且牛津近日注意中國之宗教及哲學，而弟近年興趣却移向歷史與文學方面，離家萬里而作不甚感興趣之工作，其思歸之切，不言可知。擬向清華請假一年，敬希
核准，不勝感荷之至。

三、弟已假定本月二十二日快車至河内，須本月十五日交付車費，清華薪水例於二十日發出，於付車費一點稍覺不便，可否特别通融提早將五月份薪於十五日前二三日發出？又，弟此次赴港，擬於八月初旬即乘船由港至歐，此學年自不能來昆明，此間與香港及英倫匯兑不便，可否一併將六、七兩月份薪同時交弟領出，以便作出國治裝之用。此則迹近預支，似有未便，但弟情勢稍有不同，亦

不慮別有援例，致行政手續困難，故敢冒昧干請，特恃
厚愛，附陳衷曲，敬希
鑒諒酌核，無任惶恐之至。專懇，敬叩
日安

弟 寅恪敬啓（一九三九年）六月一日

〔一〕金龍蓀，金岳霖字龍蓀，時任西南聯合大學哲學心理學系教授兼清華哲學系主任。

六

月涵吾兄先生左右：別來不覺月餘，想
起居佳勝。弟到港即接郭大使自英來電謂：因時局關係，欲弟再緩一年赴英，當即托英庚款會代復「照辦」。近因滇越交通又阻，而飛機票價太高，內子復以病不能即旅行赴滬，弟幾陷於進退維谷之境。經杭立武君與香港大學商洽，聘弟爲Visiting Prof.（客座教授），暫在港講授。此事想已由杭君函商。弟擬照去年之例，向學校請假。據杭君言，前英庚款會教授講座曾聘清華教授如蕭叔玉〔一〕、公權〔二〕諸

先生，有前例可援，諒無不可也。
聯大聞有遷地之議，未知究竟如何決定？敬祈
便中示知爲感。專此敬叩
暑安，并頌
儷祉

弟寅恪頓首（一九四〇年）八月廿四早

仲昂[三]芝生及伯倫[四]一多[五]諸先生處恕不另函，代致意。
賜復乞
寄：香港九龍太子道三六九號三樓

[一]蕭叔玉，蕭蘧字。清華大學經濟系教授。
[二]公權，即蕭公權。清華大學政治系教授。一九三八年曾任成都四川大學中英庚款講座教授。
[三]仲昂，潘光旦號。清華大學教務長。
[四]伯倫，雷海宗字。清華大學歷史系主任。

〔五〕一多，即聞一多，清華大學文學研究所所長。

七

月涵吾兄先生大鑒：

手示敬悉。關於書籍事，交通部已行文路局矣。鄙意請清華方面尚須與石局長疏通，進行更爲便利，敬請

裁奪。

前承補寄旅費＄540.861……圓已收到，感謝，感謝。弟擬乘開灤船北上，惟艙位不易得，恐須雙十節後方能到平。弟現不能閱讀，必須有助教代爲查誦書籍、鈔寫講稿，方能盡職。伯倫兄前日匆匆過此，未得詳談關於此事之預算及人選，務請我兄及　伯倫兄與歷史、國文兩系主任共同協助，不勝感禱之至。此函到平時，想　伯倫兄已返校，請將此函先與　伯倫兄及歷、國系主任兩兄一閱，待弟到平後再面陳一切也。專此奉復，敬請

儷安

內子附筆問候

嫂夫人

同事諸兄均請代致意，恕不另函。

弟寅恪敬啓（一九四六年）九月廿三日

八

月涵吾兄先生左右：王永興先生住宅事，當由　雷伯倫先生面商一一，茲再由内子面陳一切。敝意有兩點請注意：

一、規則問題：清華住房之規則或有困難，但王先生係北大之教員，暫時以友誼關係來住清華，助弟授課。若以客人之身份，暫住適當之房屋，似不在前定之規則限制之内，可否通融辦理，或有其他辦法則更佳。

二、事實問題：若王先生無適當之房屋，則其犧牲太大，弟於心深覺不安，勉强繼續此種不安之情態，恐亦不能過久，則弟之工作勢必停頓。思維再四，非將房屋問題解決不可。解決之法，唯求吾兄曲念苦衷及實際困難情形，設一變通之策，諒亦不至有他種同類情形援此例，以阻礙規則之施

行也。詳情悉由內子面陳。敬希
鑒諒爲荷。專此奉懇，并候
儷祉
弟 寅恪謹啓（一九四七年）一月十三日

致劉文典

與劉叔雅論國文試題書

叔雅先生講席，承命代擬今夏入學考試國文題目，寅恪連歲校閱清華大學入學國文試卷，感觸至多。據積年經驗所得，以爲今後國文試題，應與前此異其旨趣，即求一方法，其形式簡單而涵義豐富，又與華夏民族語言文學之特性有密切關係者，以之測驗程度，始能於閱卷定分之時，有所依據，庶幾可使應試者，無甚僥倖，或甚冤屈之事。閱卷者良心上不致受特别痛苦，而時間精力俱可節省。若就此義言之，在今日學術界，藏緬語系比較研究之學未發展，眞正中國語文文法未成立之前，似無過於對對子之一方法。此方法去吾輩理想中之完善方法，固甚遼遠，但尚是誠意不欺，實事求是之一種辦法，不妨於今夏入學考試時，試一用之，以測驗應試者之國文程度。略陳鄙意，敬祈垂教。幸甚！幸甚！凡考試國文，必考其文理之通與否，必以文法爲標準，此不待論者。但此事言之甚易，行之則難。最先須問吾輩今日依據何種文法以考試國文。今日印歐語系化之文法，即馬氏文通「格義」式之文法，既不宜施之於不同語系之中國語文，而與漢語同系之語言比較研究，又在草昧時期，中國語文眞正文法，尚未能成立，此其所以甚難也。夫所謂某種語言之文法者，其中一小部分，符於世界語言之公律，除此之外，其大部分皆由研究此種語言之特殊現相，歸納爲若干通則，成立一有獨立個性之統系學説，定爲此特種語言之規律，并非根據某一特種語言之規律，即能推之以概括萬族，放諸四海而準者也。假使能之，亦已變爲普通語言學音韻學，名學，或文法哲學等等，而不復成爲某特種語言之文法矣。昔希臘民族武力文化俱盛之後，地跨三洲，始有訓釋標點希臘文學之著作，以教其所謂「野蠻人」者。當日固無比較語言學之知識，且其所擬定之規律，亦非通籌全局及有統系之學説。羅馬又全部因襲翻譯之，其立義定名，以傳統承用之故，頗有謬誤可笑者。如西歐近世語言之文法，其動詞完全時間式，而有不完全之義。不完全時間式，轉有完全之義，是其一例也。今評其價值，尚在天竺文法之下。但因其爲用於隸屬同語系之語言，故其弊害尚不甚顯著。今吾國人所習見之外國語文法，僅近世英文文法耳。其代名詞有男女中三性，遂造他她牠三字以區别之，矜爲巧便。然若依此理論，充類至盡，則阿剌伯希伯來等語言，動詞亦有性别與數别，其文法變化皆有特殊之表現。例如一男子獨睡，爲男性單數。二男子同睡，爲男性複數。一女子獨睡，爲女性單數。二女子同睡，爲女性複數。至若一男子與一女子而同睡，則爲共性複數。此種文法變化，如依新法譯造漢字，其字當爲「𤘩」。天竺古語，其名詞有二十四囀，動詞有十八囀。吾中國之文法，何不一一倣效，以臻美備乎？世界人類語言中，甲種語言，有甲種特殊現相，故有甲種文法。乙種語言，有乙種特殊現相，故有乙種文法。即同一系之西歐近世語，如英文名詞有三格，德文名詞則有四格。法文名詞有男女二性，德文名詞則有男女中三性。因此種語言，今日尚有此種特殊現相。故此種語言之文法，亦不得不特設此種規律。苟違犯之者，則爲不通。并非德人作德文文法喜繁瑣，英人作英文文法尚簡單也。歐洲受基督教之影響至深，昔日歐人往往以希伯來語言爲世界語言之始祖，而自附其語言於希伯來語之支流末裔。迄乎近世，比較語言之學興，舊日謬誤之觀念得以革除。因其能取同系語言，如梵語波斯語等，互相比較研究，於是系内各個語言之特性逐漸發見。印歐系語言學，遂有今日之發達。故欲詳知確證一種語言之特殊現相及其性質如何，非綜合分析，互相比較，以研究之，不能爲功。而所與互相比較者，又必須屬於同系中大同而小異之語言。蓋不如此，則不獨不能確定，且常錯認其特性之所在，而成一非驢非馬，穿鑿附會之混沌怪物。因同系之語言，必先假定其同出一源，以演繹遞變隔離分化之關係，乃各自成爲大同而小異之言語。故分析之，綜合之，於縱貫之方面，剖別其源流，於横通之方面，比較其差異。由是言之，從事比較語言之學，必具一歷史觀念，而具有歷史觀念者，必不能認賊作父，自亂其宗統也。往日法人取吾國語文約略摹倣印歐系語之規律，編爲漢文典，以便歐人習讀。馬眉叔效之，遂有文通之作，於是中國號稱始有文法。夫印歐系語文之規律，未嘗不間有可供中國之文法作參考及採用者。如梵語文典中，語根之説是也。今於印歐系之語言中，將其規則之屬於世界語言公律者，除去不論。其他屬於某種語言之特性者，若亦同視爲天經地義，金科玉律，按條逐句，一一施諸不同系之漢文，有不合者，即指爲不通。嗚呼！文通，文通，何其不通如是耶？西晉之世，僧徒有竺法雅者，取内典外書以相擬配，名曰「格義」（「格義」之義詳見拙著「支愍度學説考」），實爲赤縣神州附會中西學説之初祖。即以今日中國文學系之中外文學比較一類之課程言，亦衹能就白樂天等在中國及日本之文學上，或佛教故事在印度及中國文學上之影響及演變等問題，互相比較研究，方符合比較研究之眞諦。蓋此種比較研究方法，必須具有歷史演變及系統異同之觀念。否則古今中外，人天龍鬼，無一不可取以相與比較。荷馬可比屈原，孔子可比歌德，穿鑿附會，怪誕百出，莫可追詰，更無所謂研究之可言矣。比較研究方法之義既如此，故今日中國必先將國文文法之「格義」觀念，摧陷廓清，然後遵循藏緬等與漢語同系語言，比較研究之途徑進行，將來自可達到眞正中國文法成立之日。但今日之吾輩，既非甚不學之人，故羞以「格義」式之文法自欺欺人，用之爲考試之工具。又非甚有學之人，故又不能即時創造一眞正中國文法，以爲測驗之標準。無可奈何，不得已而求一過渡時代救濟之方法，以爲眞正中國文法未成立前之暫時代用品，此方法即爲對對子。所對不逾十字，已能表現中國語文特性之多方面。其中有與高中卒業應備之國文常識相關者，亦有漢語漢文特殊優點之所在，可藉以測驗高材及專攻吾國文學之人，即投考國文學系者。茲略分四條，説明於下。

（甲）對子可以測驗應試者，能否知分別虛實字及其應用。

此理易解，不待多言。所不解者，清華考試英文，有不能分別動詞名詞者，必不錄取，而國文則可不論。因特拈出此重公案，請公爲我一參究之。

（乙）對子可以測驗應試者，能否分別平仄聲。

此點最關重要，乃數年閱卷所得之結論。今日中學國文教學，必須注意者也。吾人今日當然不依文鏡祕府論之學說，以苛試高中卒業生。但平仄聲之分別，確爲高中卒業生應具之常識。吾國語言之平仄聲與古代印度希臘拉丁文同，而與近世西歐語言異。然其關於語言文學之重要則一。今日學校教學英文，亦須講究其聲調之高下，獨國文則不然，此乃殖民地之表徵也。聲調高下與語言遷變，文法應用之關係，學者早有定論。今日大學本科學生，有欲窺本國音韻訓詁之學者，豈待在講堂始調平仄乎？抑在高中畢業以前，即須知「天子聖哲」「燈盞柄曲」耶？又凡中國之韻文詩賦詞曲無論矣，即美術性之散文，亦必有適當之聲調。若讀者不能分平仄，則不能完全欣賞與瞭解，竟與不讀相去無幾，遑論倣作與轉譯。又中國古文之句讀，多依聲調而決定。印歐語系之標點法，不盡能施用於中國古文。若讀者不通平仄聲調，則不知其文句起迄。故讀古書，往往誤解。大正一切藏經句讀之多譌，即由於此。又漢語既演爲單音語，其文法之表現，即依託於語詞之次序。昔人下筆偶有違反之者，上古之文姑不論，中古以後之作，多因聲調關係，如「聽猿實下三聲淚」之例。此種句法，雖不必做效，然讀者必須知此句若作「聽猿三聲實下淚」，則平仄聲調不諧和。故不惜違反習慣之語詞次序，以遷就聲調。此種破例辦法之是非利弊，別爲一問題，不必於此討論。但讀此詩句之人，若不能分別平仄，則此問題，於彼絕不成問題。蓋其人讀「聽猿實下三聲淚」與「聽猿三聲實下淚」，皆諧和亦皆不諧和，二者俱無分別。講授文學，而遇此類情形，眞有思惟路絕，言語道斷之感。此雖末節，無關本題宏旨，所以附論及之者，欲使學校教室中講授中國文學史及詞曲目錄學之諸公得知今日大學高中學生，其本國語言文學之普通程度如此。諸公之殫精竭力，高談博引，豈不徒勞耶？據此，則知平仄聲之測驗，應列爲大學入學國文考試及格之條件，可以利用對子之方法，以實行之。

（丙）對子可以測驗讀書之多少及語藏之貧富。

今日學生所讀中國書中，今人之著作太多，古人之著作太少。非謂今人之著作，學生不可多讀。但就其所讀數量言，二者之比例相差過甚，必非合理之教育，亟須矯正。若出一對子，中有專名或成語，而對者能以專名或成語對之，則此人讀書之多少及語藏之貧富，可以測知。

（丁）對子可以測驗思想條理。

凡上等之對子，必具正反合之三階段。（平生不解黑智兒（一譯「黑格爾」）之哲學，今論此事，不覺與其說暗合，殊可笑也。）對一對子，其詞類聲調皆不適當，則爲不對，是爲下等，不及格。即使詞類聲調皆合，而思想重複，如燕山外史中之「斯爲美矣，豈不妙哉！」之句，舊日稱爲合掌對者，亦爲下等，不及格。此類之對子至多，不須舉例。因其有正，而無反也。若詞類聲調皆適當，即有正，又有反，是爲中等，可及格。若正及反前後二階段之詞類聲調，不但能相當對，而且所表現之意義，復能互相貫通，因得綜合組織，別產生一新意義。此新意義，雖不似前之正及反二階段之意義，顯著於字句之上，但確可以想像而得之，所謂言外之意是也。此類對子，既能備具第三階段之合，即對子中最上等者。趙甌北詩話盛稱吳梅村歌行中對句之妙。其所舉之例，如「南內方看起桂宮，北兵早報臨瓜步。」等，皆合上等對子之條件，實則不獨吳詩爲然，古來佳句莫不皆然。豈但詩歌，即六朝文之佳者，其篇中警策之儷句，亦莫不如是。惜陽湖當日能略窺其意，而不能暢言其理耳。凡能對上等對子者，其人之思想必通貫而有條理，決非僅知配擬字句者所能企及。故可藉之以選拔高才之士也。

昔羅馬西塞羅Cicero辯論之文，爲拉丁文中之冠。西土文士自古迄今，讀之者何限，最近時德人始發見其文含有對偶。拉丁非單音語言，文有對偶，不易察知。故時歷千載，猶有待發之覆。今言及此者，非欲助駢驪之文，增高其地位。不過藉以說明對偶確爲中國語文特性之所在，而欲研究此種特性者，不得不研究由此特性所產生之對子。此義當質證於他年中國語言文學特性之研究發展以後。今日言之，徒遭流俗之譏笑。然彼等既昧於世界學術之現狀，復不識漢族語文之特性，挾其十九世紀下半世紀「格義」之學，以相非難，正可譬諸白髮盈顛之上陽宫女，自矜其天寶末年之時世裝束，而不知天地間别有元和新樣者在。亦衹得任彼等是其所是，而非其所非。吾輩固不必，且無從與之校量也。尊意以爲何如？

（首刊於一九三二年九月五日天津大公報文學副刊）

附記

三十餘年前，叔雅先生任清華大學國文系主任。一日過寅恪曰，大學入學考期甚近，請代擬試題。時寅恪已定次日赴北戴河休養，遂匆匆草就普通國文試題，題爲「夢遊清華園記」。蓋曾遊清華園者，可以寫實。未遊清華園者，可以想像。此即趙彦衛雲麓漫鈔玖所謂，行卷可以觀史才詩筆議論之意。若應試者不被録取，則成一遊園驚夢也。一笑！其對子之題爲「孫行者」，因蘇東坡詩有「前生恐是盧行者，後學過呼韓退之。」一聯（見東坡後集柒贈虔州術士謝〔晉臣〕君七律）。「韓盧」爲犬名（見戰國策拾齊策叁齊欲伐魏條及史記柒玖范睢傳），「行」與「退」皆步履進退之動詞，「者」與「之」俱爲虚字。東坡此聯可稱極中國對仗文學之能事。馮應榴蘇文忠詩註肆伍未知「韓盧」爲犬名，豈偶失檢耶？抑更有可言者，寅恪所以以「孫行者」爲對子之題者，實欲應試者以「胡適之」

對「孫行者」。蓋猢猻乃猿猴，而「行者」與「適之」意義音韻皆可相對，此不過一時故作狡猾耳。又正反合之説，當時惟馮友蘭君一人能通解者。蓋馮君熟研西洋哲學，復新遊蘇聯返國故也。今日馮君尚健在，而劉胡并登鬼録，思之不禁惘然！是更一遊園驚夢矣。一九六五年歲次乙巳五月七十六叟陳寅恪識。

（録自金明館叢稿二編）

劉文典（一八八九——一九五八）字叔雅，原名文驄，安徽合肥人。時任清華大學國文系主任。

致浦江清

江清吾兄先生著席：　芝生先生将歸北平，忽憶尚有一債未償。匆匆取前次公取(所?)貽紙書之。連日齒痛，亦不計書字之工拙，惟廣雅句〔一〕微意頗可思也。伯希和君介紹書早已書就，茲託　芝生先生一併轉上，乞察收爲荷。巴黎圖書館所藏敦煌寫本唐令，已見於仁井之唐令拾遺，考釋殊詳，恐亦無多賸義留待國人之研討者矣。專此敬叩

旅安

弟　寅恪拜啓（一九三三年）八月十六日

伯厚多聞鄭校讐，元金興滅兩無憂。文儒冗散姑消日，誤盡才人到白頭。

後主春寒弄玉笙，章宗秋月坐金明。詞人不管興亡事，重譜師涓枕上聲。

江清兄将有歐洲之行，謹錄廣雅句以爲紀念。

寅恪書於青島旅次

一千九百三十三年八月十六日

（浦漢明先生提供複印件）

浦江清（一九〇四——一九五七） 字君練，江蘇松江（現屬上海）人。一九二六年到清華學校研究院國學門任寅恪先生助教，一九二九年轉入中國文學系任教，一九三〇年升專任講師。一九三三年利用休假半官費赴歐遊學，研究敦煌手卷。寅恪先生為此致書（并附致伯希和介紹函）與題詩。

〔一〕廣雅句，指清張之洞詩，題為「誤盡」四絶中之其一其三。見張撰廣雅堂詩集卷四（順德龍氏刊本）。

致伯希和

伯希和先生著席：

台從前遊北平，獲承

教益，欣慰曷極。清華同事友人　浦江清先生遊歷　貴國，囑寅恪作書介紹於

先生。　浦先生在清華講授中國文學史，凡巴黎圖書館等處藏有漢文珍貴材料可供研究者，尚蘄

執事指導與以便利。庶幾　浦先生得擇其精要者迻錄東歸，不負此次西遊萬里之行，皆

先生之厚惠也，感幸何可勝言。自

公離北平後，北平圖書館又發見明初刊本元朝秘史殘册，惜

公不及見之。陳援庵先生已作一校勘記，可以取閱也。又

大著蒙古史論文，前在平時承

允惠賜一份，未及走領而

台從已西歸，尚乞　便中寄下爲荷。專請

撰安

弟 陳寅恪再拜（一九三三年）八月九日

書於青島旅次

（浦漢明先生提供複印件。此介紹函何以仍在浦江清處，未詳）

伯希和(Paul Pelliot　一八七八——一九四五）　法國漢學家。一九〇〇年被派駐北京。一九〇七年獲敦煌石窟文獻達五千件，在學術界震動很大。一九三三年訪問中國。著有敦煌千佛洞、元朝秘史等。

致沈兼士

一

兼士先生道鑒：奉

示，惶悚！近日家君舊病復發，故在城内。今夕返清華，始得讀　手書；遲緩之罪，乞　宥原是

幸。

大作宗旨及方法皆極精確，實獲我心。大約中國語言文字之學以後只有此一條路可走也。「右

文」〔一〕之學即西洋語根之學，但中國因有文字特異之點，較西洋尤複雜，西洋人蒼雅之學不能通，故其

將來研究亦不能有完全滿意之結果可期；此事終不能不由中國人自辦，則無疑也。然語根之學實一

比較語言之學。讀

大著所列舉諸方法外，必須再詳考與中國語同系諸語言，如西藏，緬甸語之類，則其推測之途徑及證

據，更爲完備。此事今日殊不易辦，但如德人西門，據高本漢字典，以考西藏語，便略有發明。西門中

國學至淺，而所以能有少少成績者，其人素治印歐比較語言學，故於推測語根分化之問題，較有經驗故耳。總之，

公之宗旨，方法，實足樹立將來治中國語言文字學之新基礎，若能再取同系之語言以爲參證之資料，則庶幾可臻於完備之境域也。匆此奉復，即求教正，並頌

撰祺

弟　寅恪（一九三四年）三月六日

（録自沈兼士學術論文集附録，下同）

沈兼士（一八八七——一九四七）　浙江吴興人。時任輔仁大學文學院院長。

〔一〕「右文」指沈兼士右文説在訓詁學上之沿革及其推闡一文。

二

大著〔一〕讀訖，歡喜敬佩之至，依照今日訓詁學之標準，凡解釋一字即是作一部文化史。中國近日著作

能適合此定義者，以寅恪所見，惟　公此文足以當之無愧也。專此奉復，敬頌

著祺

弟　陳寅恪拜復（一九三六年）四月十八日

〔一〕大著，指鬼字原始意義之試探。

致楊樹達

一

頃讀大作〔一〕，精確之至，極佩極佩！公去年休假半年，乃能讀書。弟則一事未作，愧羡愧羡！

（一九三四年四月十日）

（寅恪致楊樹達書片段，録自楊樹達積微翁回憶録頁七九——八〇）

楊樹達（一八八五——一九五六）　字遇夫，湖南長沙人。歷任清華大學、湖南大學等校教授。

〔一〕楊樹達先生一九三四年一月廿九日撰成形聲字聲中有義略證一文，四月刊入清華學報九卷二期。寅恪函中所云即指此事。

二

遇夫先生左右：昨始奉到七月七日
手示並大作，慰甚佩甚。當今文字訓詁之學，
公爲第一人，此爲學術界之公論，非弟阿私之言。幸爲神州文化自愛，不勝仰企之至。弟九月間仍須返西南聯大（聞有遷蜀之說，恐不易實行）授課，而雲南地高，於患心臟病者不適宜；（弟前數月患怔忡病，幾死於昆明。）港居又以物價匯價之故不能支持；歐戰正劇，亦難浮海西行，眞所謂進退維谷者矣。湘中親故避地居辰谿者諒必不少，晤時乞　代致意。專此奉復，敬叩
著安

弟　寅恪拜復（一九四〇年）八月二日

（楊德豫、楊逢彬先生提供複印件，下同）

三

遇夫先生有道：前聞令郎言

先生往廣州講學，想已早返長沙。近日大著倘蒙賜寄一讀，不勝感幸。兹有懇者：清華史學系肄業生劉君世輔，成績頗佳，而因家計輟學，欲求一小小工作，不知　我公能在湖大或其他機關爲之設法否？專此，敬請

著安

弟　寅恪敬啓（一九四八年）七月七日

四

遇夫先生道鑒：

大作序勉强草成，聊以塞責。若以爲尚可用，則請将文中文理不通、字句錯誤之處痛加删改，感幸感幸！時事如此，不欲多言。專復，敬請

著安

附拙稿一紙。〔一〕

弟 寅恪敬啓（一九四八年）十月五日

〔一〕信末有楊樹達附言：「三十七年來書，寄論語疏證序來也。時寅恪已失明矣。」

五

遇夫先生左右：

手示敬悉。大著〔一〕尚未收到。賤名不得附 尊作以傳，誠爲不幸；然拙序語意迂腐，將來恐有累大著，今删去之，亦未始非不幸也。湖大改組，公何所歸？能退休否？弟現仍授課作文，但苦多病，恐無相見之日，如何如何！專此奉復，敬請

道安

弟 寅恪敬啓（一九五二年）十二月六日

〔一〕大著指楊樹達積微居金文説一書。

六

遇夫先生左右：頃奉

手示，而　大著適於前二日收到，以事忙病多，未能即復，致勞遠念，歉甚！季玉〔一〕先生處重復之本可不必寄來矣。　大著多古文奇字，俟請人代讀；然此書爲近年出版物中第一部佳作，雖不讀亦可斷言也。援老〔二〕所言，殆以豐沛耆老、南陽近親目　公，其意甚厚。弟生於長沙通泰街周達武故宅，其地風水亦不惡，惜藝耘主人〔三〕未知之耳，一笑。敬叩

著安

弟　寅恪敬復　一九五三年一月二日

〔一〕季玉（豫），余嘉錫字季豫。

〔二〕援老，指陳垣。

〔三〕藝耘主人，「藝」疑「勵」之筆誤，指陳垣。寅恪失明後，復信由他人據先生口述代筆，某些字音如「豫」「玉」，「勵」「藝」

等字，或有誤聽。

七

遇夫先生左右：前屢承寄示

大作，今日有此等純學術性著述之刊行，實爲不可多得之事，幸甚！喜甚！佩甚！拙序寄還，并加標點。「出三藏記集」乃一書名，「出」即譯出之義。下文賢愚因緣經上之「出」字，乃是弟文中所用之動詞，故不加曲線也。（「學等」乃「曇學等」之省稱，僧徒行文例略名上一字也。）先生平生著述，科學院若能悉數刊佈，誠爲國家一盛事，不識當局有此意否？弟畏人畏寒，故不北行。去冬有一短詩，附呈以博一笑。

答北客

多謝相知築菟裘，可憐無蟹有監州。柳家既負元和腳，不采蘋花即自由。

專此奉復，敬請

暑安

弟 寅恪敬啓（一九五四年）七月十日

致楊樹達

致陳述

一[一]

大著精創，至佩至佩。鄙見備列於左，乞
教正。

一、曳落河最初爲何民族語，尚待考。譬如巴圖魯，近始知其本爲伊蘭語，經由突厥、回紇、蒙古而至滿洲語。　尊著所定爲契丹語之文獻似較晚，能得時代更前者尤佳，但恐不易求也。姚書[二]云：「其中契丹委任尤重，一國之柄，十得二三，行軍用兵，皆在掌握。」禄山於契丹關係深切，不獨孫孝哲爲其驍將也。

二、赭羯、石羯本爲西胡民族中之一族，實是專名。玄奘作西域記時，其義爲戰士（新書西域傳即用西域記文），蓋先由專名而變爲公名者。曳落河在禄山前是否亦專名，即一種民族之名，而健兒之義轉爲後起，與赭羯同耶。

三、乣軍問題疑亦有類似處也。

總之，寅於此範圍一無所知，病中匆讀一過，信筆寫其印象而已。不能詳繹，愧無貢獻以資揮筆。惟尊製精慎明辨，令人傾佩無已。憶十年前王觀堂先生欲作遼史索引，以移剌部名及其問題見語，寅當時亦未研究及此，頗忘其意旨所在。王文極明暢，而語言難懂，故未全悉其何所言也。觀其作腳色考已注意及此矣。王公旋歿，遺著中亦無文論及此者，而寅心中覺此事尚必有未發之覆。今日忽讀此文，知學問之道，眞是後來居上，不覺歡忻感嘆一時交集。敬頌

撰祺　并希

教正是幸

玉書吾兄先生

寅（一九三六年）一月廿二日

（致陳述、勞榦、蕭綸徽、張政烺諸函為陳述、陳重先生提供複印件）

陳　述（一九一一——一九九二）　字玉書，河北樂亭人。一九三五年畢業於北平師範大學歷史系，之後入中央研究院歷史語言研究所任職。一九四〇年起，任東北大學等校教授。

〔一〕此信是一九三六年由北京往南京中院，當時述撰曳落河考釋，呈先生請教，蒙賜復。——述注

〔二〕姚書，指姚汝能安禄山事蹟。——述注

二

玉書吾兄先生左右：

手示及大稿一紙均讀悉，足徵精審，自可加入前寄來之大作中也。總之，此事極重要而複雜，倉卒間鄙見亦未敢有所決定也。惟疑曳落河雖爲公名健兒之義，亦爲民族之專名，如赭羯之比。又，異族語音譯相同者頗多，若無他證，僅據對音，則只能備一説而不能確指也。匆復，即叩

著安

弟寅恪頓首（一九三六年）一月廿四日

大稿附還。

三

玉書先生左右：

手示敬悉，弟於契丹史藩籬未涉，而屢承以專題見詢，實不敢妄對也。

尊擬二式，或以第二者較能使閱者更易明瞭，然即用第一式亦無妨也。

尊文内容如是謹慎，則此爲小節。白鳥之著作，蓋日人當時受西洋東方學影響必然之結果，其所依據之原料、解釋，已依時代學術進步發生問題，且日人於此數種語言尚無專門威權者，不過隨西人之後，稍採中國材料以補之而已。

公今日著論，白鳥説若誤，可稍稍言及，不必多費力也。大日經義釋演密鈔未曾見過，大日本佛教全書想已查過耶？敬叩

著安

弟寅（一九三七年）一月卅一日

四

手示敬悉，「河」唐音爲$\gamma^{\hat{a}}$，非h也。足下可參考高本漢字典也。此音或爲語尾，其詳不敢言也。匆復，敬叩

著安

玉書先生

弟 寅（一九三七年）三月廿日

五

玉書先生左右：

大著甚精，奉還，希

詧入。寅於此問題素無研究，讀

尊著，尤佩搜採之廣博也。寅前書所言赭羯及禄山事跡中卷，禄山東制河朔一條，殊無價值，亦蒙採

及，曷勝惶悚。可否將賤名標出，蓋非欲附驥，實以今日著作體例應如是也。餘詳郵片。敬叩

著安

弟寅恪頓首（一九三七年）三月廿一夕

六

玉書先生左右：

手示敬悉，Schlegel 文此間無有，但其所論大約即迴鶻九姓可汗記功碑之初譯本之釋文及考證也。本所似有 Société Finno－ougrienne 之專刊報告（芬蘭所設之學會專刊報告也），查之似可得。清華前有一份 Schlegel 之說，或寅曾在歐購者，今已南運，無從再檢也。至來示所詢之德國東方學會報告，寅只有該會零本，其中無此文。北平圖書館不知如何？即便有之，恐亦限於近年所出者，一時亦無從查也。匆此奉復，敬叩

著安

弟寅恪匆復（一九三七年）三月三十一日

又，聖彼得堡科學院所刊之蒙古圖誌（中有此碑）附屬論文中，可一查也。又申。

七

玉書吾兄左右：

手示敬悉，弟之四箱仍照原議[一]，請芮逸夫先生交與桂林廣西銀行唐溪盦先生收領，不須運滇，即希轉告芮先生爲荷。弟現在港候護照[二]，大約尚有一月留滯，方能取道安南入滇也。匆此奉復，敬頌

著祺

弟寅恪頓首（一九三八年）二月廿日

中院同人均乞代候。

本所或他所同人中，如有取道香港赴滇者，乞速將其姓名示知爲感。

[一]先生在長沙有圖書四箱，曾囑述運至桂林。述隨後搭木船順湘江轉全州至桂林。此時陶孟和、梁方仲諸中院同人已

先到桂林。——述注

〔二〕護照，指過境法屬安南的護照。

八

玉書吾兄先生左右：史語所集刊中載有拙著天師道與濱海地域之關係一文者，不知昆明所中尚有之否？如有之，求檢寄一册；如無之，能以該册之本數、分數見示否？瑣屑瀆擾，不安之至。傅先生來滇之期有所聞否？所中同人均希代致意。專此奉懇，敬叩

著安

弟寅恪頓首（一九三八年）六月八日

九

玉書兄左右：弟前論李唐氏族問題，在史語所集刊發表者共有四篇，請

兄或其〔他〕友人代爲檢出，一借即還。又，傅先生書目便中并求送下。全君〔一〕新婚，今日始知，已略具賀儀，交人轉呈。惜不能親賀，并希代爲道喜。匆叩

著安

弟 寅恪頓首（一九三八年）十二月三日

所中諸友均乞致意。

又，前次曾代刊木章否？如代刊，乞示刊費，以便奉還。

〔一〕全君，指全漢昇。——述注

十

玉書兄左右：前書已封，而傅先生書目始送到。檢閱其中有通典一種，共四十本，想是浙局本。弟

欲借一讀，但不知所中有石印或商務印書館重印較小之本否？如有商務十通本，則通典僅一大册，攜帶尤便。如無之，則祇可將此四十册帶來也。專此敬叩

著安

弟 寅恪頓首（一九三八年）十二月三日

苑峯兄〔一〕及諸友并候。

又，任鴻雋先生今日來所，乞

并告 濟之先生〔二〕。

〔一〕苑峯，張政烺字。——述注

〔二〕濟之先生即李濟。——述注

十一

玉書吾兄先生左右：前日匆匆未及暢談爲悵。茲有二事奉懇：

一、請代一查嚴衍通鑑（所中如無，傅先生[一]有之）一七九隋紀仁壽二年閏〔十〕月甲申，詔楊素、蘇威與吏部尚書牛弘等修定五禮條下有無補正之處。

二、大正一切藏經第五十一卷史傳部三，乞代向圖書館借出送下。

專此敬頌

著祺

弟 寅恪拜求（一九三九年）十一月十六日

所中諸公均乞致意。

[一]傅先生指傅斯年，字孟真。——述注

十二

玉書吾兄左右：

手示敬悉，弟所欲檢者，非
兄所鈔示者。蓋
兄所鈔示者乃下文，想是上文無所補正耶？弟所欲知者上文，而非下文也。兹再重陳，即希
鑒察。煩
代一查嚴氏書及章鈺通鑑正文校勘記爲荷。 敬頌
撰祺 并希
原宥是幸

弟 寅恪頓首（一九三九年）十一月十八日

通鑑一七九隋紀三仁壽二年「閏〔十〕月甲申詔楊素、蘇威與吏部尚書牛弘等修定五禮」，請校此條廿一字，嚴氏書有無補正及章氏書有無異文。并求
代查。瑣屑屢瀆，惶恐之至，敬求
原恕。
又，大正一切藏經中，義淨之南海寄歸傳乞 借下（如一時不能覓得，似所中藏有此書單行〔本〕亦可借也）。此書似在「事彙部」中，記憶不真也。

十三

玉書吾兄先生：前奉煩鈔檢事，感荷感荷。兹再求查本所有無日本西京出版東方學報中内藤乾吉論唐六典文。如有，乞借出；如無，則乞代鈔稗海中劉肅大唐新語及郡齋讀書志及陳振孫書錄關於唐六典文示下至感。敬叩
撰安

弟寅恪頓首（約一九三九年十一月）廿三日

十四(一)

玉書吾兄：
兄如有暇，乞

代一查。弟正在病中，不能出門也。匆叩

撰安，並頌

儷福

寅恪頓首（約一九四〇年）三月二日

〔一〕此便函批於陳樂素致寅恪函前空白處。陳樂素先生請求：「察閱圖書季刊四期載方樹梅先生尚輯有晉寧詩文徵廿一卷，昆明開智公司鉛印本，未悉有佛教關係資料否？」——述注

十五

大作兩篇讀訖，并交姚從吾先生一檢對材料，均佩賞　兄大力之精審也。從吾先生意：舍利應爲選拔豪富之意，始與游牧社會狀態符合。於金先生〔一〕横帳之解釋亦覺尚有未發之覆。鄙見此事端恃資料如何，現資料既有限制，確詁自不易定，似宜檢查宋會要等，或别有更進一步之解釋也。若宋會要等亦無〔其〕他較佳之材料，則人力已盡，可告無罪，而尊説更鞏固若金湯不可攻矣。

原作兩册奉還。敬叩
玉書先生吾兄
著安

弟 寅恪匆上（一九四〇年）六月五日

〔一〕金先生指金毓黻，號静菴。——述注

十六

玉書吾兄先生：又弟因自己所藏之史語所集刊皆已散失，而傅先生所藏者乃本所唯一之全套，不便
久遠出借，故擬懇求將
兄所藏之本内有下列拙著者，借至香港或英國，再寄還。如下列之本
兄亦無之者，則擬在此就傅先生藏本鈔一份也。專此敬叩
著安

弟 寅恪拜啓（約一九四〇年六月）

一、天師道與濱海地域之關係
二、李唐氏族問題
三、李唐氏族問題後記
四、三論李唐氏族問題
五、雜論李唐武周先世問題
六、武曌與佛教

兄如無者，若所中他友有之，亦求代借爲荷。

十七

大著匆匆披讀，甚佩。弟於蒙古史今已不敢妄有所論，故附呈姚、邵兩君[一]意見，或可供參考，即乞詳悉考慮，以定去取是幸。又

兄去年借與弟所作集刊中論文數種，現尚需用，不能奉還。又，府兵制一文已在其上改寫，加入弟近作

文中，俟將來再奉還單行本。實則此種隨順世緣應酬之作，弟本人尚不欲敝帚自珍，想兄更無所惜也。匆此敬叩

玉書吾兄先生

著安

弟 寅恪拜啓（一九四〇年）六月八日

〔一〕姚，指姚從吾；邵，指邵循正。——述注

十八

（前闕）

二、心史〔一〕先生亦偶涉及此，其誤亦不足深論，誠宜如尊稿附注所言，刪去，但不是因其已死而恕之也。

以上云云爲姚先生之意見，弟作寄書郵而已。又接 來書論及唐末五代義兒事，此（後闕）

（約一九四〇年六月）

〔一〕孟森（一八六八——一九三八）字心史，號蒓孫，江蘇武進人。一九三七年抗日戰爭爆發後，困居北平。日軍脅其交出「宣統三年調查之俄蒙界綫圖」後，深感屈辱憤恨，致攖胃疾，迨至一九三八年一月十四日逝世。

十九

玉書吾兄左右：

大稿讀訖，佩甚，并乞斟酌左列意見是幸。拙作府兵制文已增改，插入近作隋唐制度通論文中。俟到港後再檢出該文補還。又，弟即日返港，仍擬赴歐（若道路可通），故前借 尊處之拙作亦須攜往香港（若再鈔寫已來不及，而近日時局嚴重，寄稿至港多被檢查沒收，故不便寄），其中有李唐武周先世事蹟雜考一文，甚短，但弟所需用，不知可否即借史語所之集刊，請人代鈔一份否？弟平生述作皆出於不得〔已〕，故自己不留稿，亦不欲他人留之。此非謙詞，乃是實話。所謂需用者，亦不過欲藉之略加修改，以供應酬耳，并非眞著書也。匆此順頌

著祺　諸希

諒鑒不宣

弟 寅恪頓首（一九四〇年）六月十三夕

一、元史兀良哈台傳，此條紀本不可信。太祖時者别速不台等西征欽察斡羅斯不里阿耳。太宗時，拔都諸王及速不台西征，並攻略波蘭日耳曼諸族，見太宗紀「七年條」，速不台傳，及秘史續。惟太宗崩，拔都回師。「乙巳（一二四六）（一二四五？）從諸王拔都……」云云，「丙午……又從拔都」云云，顯誤，「乙巳」當作「乙未」（一二三六）（一二三五？）即太宗七年（應提早十年），「丙午」句係「丙申」之誤，惟「又從」二字亦不可通，前後係一役，非兩次也。年代尚訛誤如此，地名更不免有誤，就文意觀之，先畧欽察兀魯斯孛烈阿耳，後攻孛烈兒捏迷思乃極自然之步驟。

二、阿孛烈兒非孛烈兒而爲「孛烈阿兒」之訛，殆無疑問。屠敬山[一]謂不里阿耳即孛剌兒，大誤。照波斯文寫法不里阿耳爲 بلغار bulghar 或 بلعار bul'ar，孛剌兒爲 بلار bular，明爲二族，與中國譯音完全吻合，Blochet 校訂之 Rashid-ad-Din（即第二卷）屢見不鮮。此毫無可疑者。惜手邊無此書。屠敬山沿那珂[二]而誤，那珂蓋未讀原文者。

三、諸家誤會所由來，最主要爲秘史著禄康鄰十一族名兩處互異，續一四十九頁之孛剌兒，續二十五頁作「不中合兒」。其實此爲兩族之名，「不中合兒」正意應係「不勒中合兒」之訛。在Rashid之著作中此二族之名常連舉（بلغار و بلار）豈在西域人眼中此二族關係特切，而蒙古人乃竟認爲一族乎。

四、照祕史孛剌兒應讀Bolär，照元史孛烈兒應讀Bölär，此問題作者應討論。

五、「乃」字係「及」字之訛，當無問題。捏迷思以Bretschneider所解爲當。

〔一〕屠寄（一八五六——一九二一）字敬山，江蘇武進人，著有「蒙兀兒史記」等。

〔二〕那珂，日人那珂通世，著有「成吉思汗實録」。

二十〔一〕

敬希

教正。　大著原件附還，即乞　察收。匆頌

玉書吾兄先生撰祉

弟　寅恪敬啓（一九四二年）十一月十九日

東大友人〔二〕均乞代致意。

賜書乞　寄：桂林良豐科學館轉

〔一〕寅恪為陳述序遼史補注，序成，序及原件隨此便函寄還。便函書於序文前空白處。陳述時在四川三台東北大學任教。——編注

述曾以遼史補注序例呈　先生請教，承先生為撰序，多所勉勵。此書一九八八年交中華書局付印。——述注

〔二〕東大（東北大學）友人，指高亨晉生、蔣天樞秉南、藍孟博、朱延豐等。——述注

二十一

玉書先生左右：六月三日

手教敬悉，日前得三台友人函，欲史語所調回服務或別介紹教識，已照轉　孟真先生，今來示所言亦不外此，至袁君所言美基金會津貼一節，或已稍晚，殊可惜也。又學校任教，尊意以渝州爲便，蓋偕眷遷徙費少之故，不得不然，此固弟所深知，然範圍既有定，可能性亦因之受限制，請俟細籌之。知此際

汪念殷切，特先奉復，順頌

著祉

弟寅恪頓首（一九四三年）六月廿一日

近日學校無處不鬧風潮，推原其故，蓋貧無以爲生，則不能安居樂業也。

致勞榦 陳述

一

貞一
玉書兩兄先生左右：弟到蒙已將十日矣，欲授課而無書。不知史語所之三國志、晉書、南北史、魏書、隋書、通典等在昆明[一]否？如在昆明，無論何種版本（即開明廿五史本亦可），請借出，郵寄或托友人帶下均可。如昆明史語所無此類書，則朋友中能輾轉借得否？此次來蒙，祇是求食，不敢妄稱講學也。弟在港已將拙文校畢付印，不知何日出版集刊稿？史語所集刊亦未知出至何期？所中同人晤時均乞代致意。專此奉懇，敬叩

撰安

弟寅恪頓首（一九三八年）五月一日

勞　榦（一九〇六——　）字貞一，湖南長沙人。北京大學歷史系畢業後，在中央研究院歷史語言研究所任職多年。

〔一〕當時我和貞一先到昆明，住拓東路六六三號趙元任家。丁聲樹、全漢昇亦同住。——述注

二

貞一
玉書　兩兄同鑒：頃奉

復示，感荷。（兄前寄港信未收到。）三國志、晉書已在此間借得，可以不寄。通典如一時未能借得，亦可從緩。近中央研究院史語所有書箱運到蒙自，借與聯大。以無目錄，又無人到此點交，故不知其中有無

大藏經

四部叢刊

三通

在内，請　兩兄代弟一查，并速
示以在何號書箱内爲感。此間聯大已催史語所派人來蒙自點交，愈速愈好，因有許多功課皆視書籍之有無以爲開班與否之決定也。弟俟孟眞先生到昆明後當來昆一行，大約在五月底或六月初也。所中同人均乞代致意。匆復，敬叩
撰安

弟　寅恪頓首（一九三八年）五月七日

三

貞一
玉書　兩兄先生同鑒：南北史收到，感荷感荷。北史爲百衲本，然則百衲本未運到耶？（五日寄南北史，八日即收到。）　來示謂本月六日已寄魏書，今尚未收到，乞
一查爲感。
傅先生如到昆明，請即
示知，弟擬赴昆一晤也。一組同人請均代致意。

蒙自已入雨季，起居飲食尤感不便，疾病亦多，吾儕僑寄於此者皆叫苦連天，想昆明或較此略勝。那君〔一〕來蒙之期定否？專此，敬叩

著安

弟　寅恪頓首（一九三八年）五月十二日

〔一〕那君，指那廉君。——述注

四

貞一
玉書兩兄先生左右：頃接到郵局領書條，大約即是魏書也。昨請代查魏書已寄否，今可不查矣。那君行期定否？蒙自史語所書籍中有無大正一切藏及四部叢刊否？敬乞

示知爲荷。敬叩

著安

所中諸友均乞代致意。

弟
寅恪頓首（一九三八年）五月十三日

五

貞一
玉書兩兄同鑒：十一日
手示敬悉，大正一切大藏經弟急需用，因弟在此所授課有「佛經翻譯」一課，若無大藏則徵引無從矣。乞
速航空信請重慶速逕寄蒙自，不勝感盼之至。魏書今日已收到，謝謝！那君信已收到，所以急盼那君者，爲大藏耳。今大藏既在重慶，不知昆明方面尚有哪位可責或可借否？前雲南省長王九齡提倡佛教，曾請歐陽竟無[一]講經，疑昆明或尚有可借處也。乞
訪詢爲荷。匆復，敬叩
撰安

弟
寅恪頓首（一九三八年五月十五日）[二]

〔一〕歐陽竟無（一八七一——一九四四） 名漸，字竟無，亦稱宜黄大師。江西宜黄人。中國近代佛學家，居士。

〔二〕此明信片未寫日期，據郵戳定為一九三八年五月十五日。

六

貞一
玉書兩兄左右：那君來，奉到
手示及佛經流通處目錄，感荷感荷。詳檢目錄，可買者不多，茲將目錄寄上，乞
查收，并希將右列六種購就寄下。所需書價，如可開史語所賬最便，如不能，則請
先暫代墊，將賬單寄下，以便開聯合大學賬。款則交那君帶回昆明奉還也。
又，屢次煩瀆，心感不已，所費郵資諒已不少（如航空信）希
示知，以便弟照數奉還。
又，高去尋君文稿亦交那君帶回，并附一復書，乞轉交爲荷。專復，敬叩
撰安

弟寅恪頓首（一九三八年）五月廿一日

七

貞一
玉書　兩兄同鑒：

大作均收到，容細讀再奉還。弟於七八月間必到昆明，如兩兄不急於索還，則俟弟親帶至昆明面還。如急需，即乞示知，當由郵局寄上也。聯大以書箱運費係其所付，不欲將書提出。現尚未開箱，故聯大無書可看。此事尚須俟孟眞先生來滇後方能商洽解決。研究所無書，實不能工作。弟近日亦草短文兩篇，竟無書可查，可稱「杜撰」，好在今日即有著作，亦不能出版，可謂國亡有期而汗青無日矣。大局如斯，悲憤之至。匆復，敬請

撰安

弟寅恪頓首（一九三八年）六月十七日

所中諸君均乞代致意。

致蕭綸徽 陳述

綸徽
玉書先生左右：今日又收到佛書兩包，共前日所收爲三包，諒
尊處寄來之書盡於此矣。專此復謝，順候
日祉

弟 寅恪頓首（一九三八年）五月卅日

所中諸公均乞代致意。

蕭綸徽　時任中央研究院歷史語言研究所會計。

致張政烺 陳述

苑峯
玉書兩兄左右：本所集刊第三本第一本（分？）（中載拙著「李唐氏族之推測」一文）尚希檢出交來人帶下〔一〕爲感。敬叩
撰安

弟寅恪拜求（一九三八年）十二月七日

張政烺（一九一二——　）字苑峯，山東榮成人，一九三六年畢業於北京大學歷史系，時任職於中央研究院歷史語言研究所。

〔一〕此函上方有批語：「借出，明日奉上。」

致聞宥

一

在宥先生著席：

大作拜讀一過，信爲吾國此後治本國語言文字學之楷模極有關係之文也。專此，敬頌

教祉

寅恪拜啓三月七日(一)

（第二、六函為聞廣先生提供複印件，其餘九函為徐亮工先生轉來張永言先生所保存之信札）

聞宥（一九〇一——一九八五）字在宥，江蘇松江（現屬上海）人。通信時任教於燕京、山東、雲南、華西等大學。

〔一〕此函時間似為抗戰前清華大學時期。

二

在宥先生左右：

大著拜讀，敬佩之至。寅於西南民族語言無所通解，承詢各節愧無以對，甚歉甚歉。丁君〔一〕只搜集材料，經先生加以考訂，遂於此學增一階級之進步，真可喜也。近日友人王君〔二〕歸自歐，渠本治西夏語文者，最近於契丹女真文亦有所論說。寅數年以來苦於精力之不及，「改行」已久，故不能詳其所詣，然與之談及亦忻羨不已。今又讀大作，尤幸我國學術之日進而慚恨無力以追隨也。

專此奉復　敬叩

著安

寅恪拜啓（一九三六年）十月十一日

〔一〕丁君指丁文江，一九三六年一月出版「爨文叢刻」甲編。後聞宥於同年發表「讀爨文叢刻」。

〔二〕王君指王靜如，一九三三年留學歐洲，一九三六年回國。

三

在宥先生左右：拙稿承
囑鈔一份，感荷，感荷。清華學報一册，奉還。即希
查收。鈔費不知若干？想已
代爲墊付。并求
示知，以便照繳。專此，敬叩
撰安

弟　寅恪拜啓（一九三八或一九三九年）六月廿日

四

在宥先生：昨夕臨行匆匆留數行，諒已達

覽。弟今日下午六時半抵昆明。據所親歷，知糯租短期似難修復。但到糯租後即可買票。若不帶行李，經路局許可，或可步行至糯租後，搭車至昆明也。特陳最近情狀，以供參考。專此，敬叩

旅安　不盡欲言。

弟　寅恪拜（一九三九年）十月廿日下午九時

諸友均乞代候。

迪之[一]先生處，當往商一切。又申。

[一]熊慶來，字迪之。

五

在宥先生左右：到昆明之夕，即上一函，計已達覽。熊迪之先生已晤談。雖已與此間法人函商，然弟恐其無甚結果。若不守候至通車之日，則宜

別有計畫。如能得路局許可，經沿鐵軌步行到糯租後，便可買票來昆明也。諸友均乞代致意。敬頌
旅祺
弟已面向聯大當局請其爲學生設法，
然恐不易有效果。

弟寅恪拜啓（一九三九年）十月廿三日

六

在宥先生道席：前奉
手教，稽遲奉復，至歉之。弟擬於八月末由桂啓程，抵成都時想在九月中矣。弟久有遊蓉之願，今幸得
遂。然而今日物價已非曩時，恐無數年前
先生初到錦城之日，猶略有吾輩遊賞風景之餘地也。奉教不遠，諸容面陳。專復，順頌
著祉

弟寅恪匆上（一九四三年）八月五日

七

在宥先生左右：

手示敬悉。元白詩應用教材，姑先以元氏長慶集、白氏長慶集（四部叢刊本或他本均無不可）及全唐詩爲主。以後，在教室再酌量告知。弟擬首説長恨歌、鶯鶯傳、連昌宫詞，并以附聞。匆此奉復。順頌

教祉

弟寅恪拜復（一九四四年）六月十六日

八

在宥先生左右：前蒙

惠顧，并蒙

賜石拓本。感荷，感荷。弟昨午忽發熱，今晨似稍愈，恐仍須卧床不出。頗覺頭目昏眩，恐熱度尚高也。

尊約，竟不能趨赴，歉疚至極。敬希
原宥是幸。一俟病痊，即當趨謁謝罪，并領
教論也。專此，敬叩
著安　諸惟
諒鑒

弟　寅恪拜啓（一九四四年）八月廿二日午前七時

九

今日徐、胡兩公來言，齊魯大學欲與華大國文系合聘丁丁山[一]先生，不知
華大方面有可能否？囑弟轉詢
先生。如可能，則請
逕與胡君商洽爲感。特此轉達，即希
裁奪是幸。敬叩
在宥先生

撰安

弟寅恪拜啓（一九四四年）八月廿四日

〔一〕丁山，字丁山。

十

前承

借用之帆布床，因有客來投宿，不知尚可短期再賜借一用否？專此奉懇。敬叩

在宥先生

撰安

弟寅恪拜啓（一九四四年）九月五日

聞在宥　先生

呈

十一

在宥先生左右：來

示敬悉。承　寄華西學術近刊，感荷，感荷。現尚未收到，大約陰曆年内可寄到廣州也。

弟離成都已逾五年，不知當時舊友尚留蜀中者爲何人？又弟去後，到川諸人中，有弟之舊友否？晤面

時祈

均代爲致意。

近日華西情形有無變動？想與其餘教會大學同一辦法也。

來示言及陰山道一篇，兹将校勘記一紙附上，請

查收。拙著匆匆付印，頗多脱誤，将來當别爲校勘記分贈諸友。因以後恐不能再版。即此次印出拙著

亦大不易，何況将來乎。耑此奉覆。敬頌

著祉

弟　寅恪敬啓（一九五一年）一月十二日

附校勘記一紙。

致華忱之

忱之吾兄足下：匆匆未盡所欲言。細思小女子當即東野之女。蓋以元魯山比其弟，故有不如自乳之言也。魯山乳姪與其弟乳其姪女，亦同一關係也。杏殤詩誤聯想及錢詩桂殤詩，神經昏亂，可笑可笑。匆此，順候

撰祺

寅恪頓首（一九三七年）一月五日

（華忱之先生惠贈原函，并提供當時背景）

華忱之（一九一四——　）原名恂，字忱之，北京人。四川大學中文系教授。一九三七年六月畢業於清華大學中國文學系，所作畢業論文為唐孟郊年譜，陳寅恪、聞一多擔任導師，此函為陳解答華請教孟詩寄義興小女子等問題。

致牛津大學

一[一]

我原來打算在八月底乘船赴歐洲，并且萬事俱備，由於局勢緊張和不明朗，我不得不等待數天。如今歐戰已經爆發，此時此刻，我已經不可能也不必要前往牛津，故此，我決定推延一九三九年至一九四〇年學年度赴英之事。我將返回雲南，任教於國立西南聯合大學。[二]

（一九三九年九月五日）

（據歷史研究二〇〇〇年第三期刊登程美寶陳寅恪與牛津大學一文中録出）

[一]程文説明：「牛津大學的檔案顯示，陳寅恪第一次在香港因戰爭受阻不能按時上任，曾於一九三九年九月五日致函牛津大學注册長，原函未見，但這封信的原文在檔案的其他文件中被引用。」

[二]程美寶譯自牛津大學檔案：Note on Negotiations with Universities China Committee 1932－41, CP/1, File 2.

我謹通知你我計劃八月初由香港乘船前往英國，可望九月抵達牛津，懇請代爲安排下榻學院事宜。

二[一]

（劉志偉、程美寶兩先生提供他們在香港明報月刊一九九九年四月號刊登陳寅恪與牛津緣慳一面的真相一文及致牛津大學函的複印件）

[一]劉志偉、程美寶在牛津大學有關的檔案裏，找到有一封是陳寅恪在一九四〇年五月向牛津大學發出的親筆英文信件（見劉、程文圖三），並將内容中譯如右。致牛津大學函原文抄録於後。

Yinnin in China　　May 1940

Dear sir

I beg to inform you that I intend to sail for England from Hong Kong at the beginning of August. I hope that I may reach Oxford in September. Please make the necessary arrangement for my lodging in the college.

with kind regards

Yours sincerely

Tschen Yin koh

致劉節

一

子植吾兄先生左右：
兩書敬悉。前月得
來函，即與孟眞商量後，知今年庚款協助非於去年十二月十五日前申請不可，且已審查訖，更難
設法。弟曾與當局商量，與此次
兄事類似者別有他例，亦格滯難了，故英庚款協助事，暫時必不易也。
金陵大學環境似較好，姑得其復書再酌。將來雲南大學若有機緣，似亦可設法。但據雲大友人言，
待遇尚可而別有難處之事，紛紛求去，則又不知其內容實情究如何？總之，先俟金大回音，然後別圖
可也。
弟心臟病仍未痊，此病甚劇，頗以爲慮也。匆復，順頌

旅祺

弟　寅恪頓首（一九四〇年）三月十二日

昆明米價國幣百元一石（米一石有時尚過百元，而雲南之一石少於四川之石一半）。聯合大學師生皆困苦不堪。若無特別援助或遷川，則將散去。現校工罷工，助教亦紛紛去覓他職。教授亦開會討論而無妥善辦法。向覺明兄[一]在此亦每月虧空也。

（劉節先生夫人錢澄女士惠贈原函，下同）

劉節（一九〇一——一九七七）　字子植，號青松，浙江永嘉人，清華國學研究院畢業。抗戰時在貴陽、重慶等地。一九四六年起任中山大學歷史系教授，曾兼任系主任。

[一]向覺明，向達字覺明。

二

子植兄左右：寅七月到桂林，精疲力竭，不能再繼續旅行，頗思在桂稍息。廣西大學有中英庚款講座一席，遂以寅承乏。此間無文史科系圖書設備，然迫於情勢，不得不接受。月薪所入不足以支日食，但爲病體不堪勞頓之故，亦祇能暫在此休息耳。

僧芋先生[一]返渝否？至念至念。聞侯芸圻兄在渝，確否？乞代致意。文化雜誌主持者何人？乞示知以便接洽。此間熟人惟有梁漱溟先生或可託其介紹。自港戰起後，半年餘無親故消息，如有重大變遷，請示一二。專此奉復，順頌

著祺

弟　寅恪頓首（一九四二年）八月六日

[一]僧芋，即徐僧芋。

三

子植兄左右：弟所授「唐詩證史」課班學生，有欲購買弟所著元白詩箋證稿者，因所授課與此書頗多關涉也。鄙意可置此書二三部於圖書館參考室中。其學生欲買者可逕自購買，但此書學校尚存有甚多，院系調整時被封鎖，現移交何部門則不得知，請
兄查明（問了一兄〔一〕亦可）辦理。又，此書以前定價太貴（約四五萬元），現既是賣與學生作參考之用，則不宜太貴，恐須大減售價方合情理。此點請
兄決定爲感。即頌
教祉

弟 寅恪敬啓（一九五二年）十二月廿九日

又：弟兩接鍾道銘兄〔二〕自開封河南大學來函，欲移調中大授西洋史。弟已與了一兄談及此事，渠意河大既決改專科師範，而河南在中南大行政區內，自可由中南教育部決定。弟已函復道銘，請其自行向中南教部中述理由，請改調中大，以此事須由組織決定故也。道銘函言：因思

想改造後血壓大高188度，卧病在家云云，并以附聞。

寅又啓（一九五二年）十二月廿九日

〔一〕了一，王力字。
〔二〕鍾道銘，清華大學研究院畢業。

致陳槃

一

槃庵吾兄先生左右：前莘田先生轉示大作，甚佩甚佩。姑錄呈近作一首，聊答盛意，不足言詩也。順候

吟祉

弟 寅恪頓首（一九四〇年）五月七日

庚辰春暮重慶夜宴歸有作

頗恨平生未蜀遊，無端乘興到渝州。千里〔一〕故壘英雄盡，萬里長江日夜流。食蛤那知天下事，看花愁近最高樓。行都燈火春寒夕，一夢迷離更白頭。

（録自周法高編近代學人手跡初稿，下同）

陳　槃（一九〇四——　）字槃庵，號澗莊，廣東五華人。一九三〇年畢業於中山大學中國語言文學系，旋入中央研究院歷史語言研究所長期任職。

〔一〕「千里」，以後作者發表之詩作皆書「千年」，此處可能是筆誤。

二

槃庵先生左右：承

寄近作，沉静肅穆，絶無浮響，曷勝欽服之至。吴辛旨先生〔一〕迄未來函，足下通訊時，乞代致意。李莊及板栗坳諸友人，想均安適。米價秋來稍降否？念念！弟旅港以來，幾無日不在病中，又須奔走授課，益覺勞倦，惟天氣較板栗坳似略佳，不致有炎蒸之苦耳。匆此奉復，順候

吟祉

弟寅恪頓首（一九四〇年）十一月十四日

所中友人均乞代爲問候。

〔一〕吴辛旨，吴三立字辛旨。

三

槃庵吾兄先生左右：奉贈　董彦老〔一〕書一部，收到否？乞代問。（乃胡厚宣近日新印者，弟未敢作序，以致有目無書，此事原委自在宥〔二〕，想已告彦老矣。）弟近草成一書，名曰「元白詩箋證」，意在闡述唐代社會史事，非敢説詩也。弟前作兩書，一論唐代制度，一論唐代政治，此書則言唐代社會風俗耳。現雖已脱稿，但書寫潦草，尚須重謄一清稿，然後呈史語所教正刊印。此間坊間稿紙不堪用，且不合格式，增改極不便，不知所中尚有舊式之稿紙否？如有之，不知可以分寄少許否？（若有合用者，他種新式（稿紙）亦可）。拙稿不過七萬言上下，當費紙不多。如何之處，乞酌復。近日紙貴，如太覺費錢，則可作罷論，不敢多費公家之錢，於心不安也。近作遊戲詩〔三〕一首録呈，藉博

一笑。順頌

吟祉

弟　寅恪頓首（一九四四年）八月十日

傅先生〔四〕已赴渝開會否？所中諸公均乞代候。

此函請交傅先生一看（如尚未赴渝）。

〔一〕董彥老，指董作賓。

〔二〕在宥，聞宥字。

〔三〕據汪榮祖史家陳寅恪傳頁九十「所謂遊戲詩一首即聞道，作於甲申年。」

〔四〕傅先生，指傅斯年。

致史語所第一組諸友

癸未春日感賦寄呈
史語所第一組諸友即求
教正。

滄海生還又見春，豈知春與世俱新。讀書漸已師秦吏，鉗市終須避楚人。九鼎銘詞争頌德，百年粗糲總傷貧。周妻何肉尤吾累，大患分明有此身。

弟寅恪上（一九四三年）三月三十日

（録自周法高編近代學人手跡初稿）

致王雲五

雲五先生左右：

顏虛心先生復撰成論文一篇，題曰「法國東方學之西亞古代地理學」，爲介紹西人研究東方學術之作。弟讀之覺其敘述簡明而能得要領，殊爲欽佩，特樂爲介紹於
貴館之東方雜誌。敬乞
鑒定採用，不勝感幸之至。專此敬頌
撰祺

弟 陳寅恪拜啓（一九四一年）一月十七日

（汪榮祖先生提供鈔件）

王雲五（一八八八——一九七九）字岫廬，廣東中山人。時任商務印書館總經理。

致戴望舒[一]

敬啓者，頃讀

貴刊第二十九期吳曉鈴先生青樓集作者姓名考辨，論據精確，欽服至極。鄙意青樓集序中所謂「商顏黄公之裔孫」其實即指夏氏而言。蓋商山四皓中有夏黄公一人，夏伯和自可目之爲「商顏黄公之裔孫」也。葉郎園[二]、吳曉鈴二先生俱精於曲學，夙所景仰，並與寅恪有一日之雅，似（近？）讀郎序，偶有所得，辨所不必辨，特陳妄謬之見，質正

高貴，兼以求教於世之讀

貴刊者。順頌

望舒先生　撰祺

弟　陳寅恪拜啓（一九四一年）十月廿五

四皓或以綺里季夏爲一人黄公爲一人，陳留志及崔氏譜稱夏黄公爲崔姓者，此種考據均與本問題無關，不必多贅也。

（録自民國三十年十一月廿二日香港星島日報俗文學第四十一期）

戴望舒（一九〇五——一九五〇）　原名夢歐，浙江杭州人。當時在香港主編星島日報副刊，又每周附刊「俗文學」周刊。

〔一〕星島日報刊發此信之版面，有些字模糊不清，得到吴曉鈴先生校正，深表謝意。

〔二〕葉郋園即葉德輝。

致陳登恪

一

八弟覽：今日得七月五日函，知前抵所寄書尚未收到，此時諒已達覽矣。弘度兄〔一〕函亦收到，茲將兄關於武大聘請意見略述於下：

兄此次自港至桂，旅費耗去三四萬元，皆前後由中央研究院、中英庚款會、西南聯大所接濟，故不能不爲其所約束。現雖已抵桂林，而精力財力俱已殫竭，不能繼續旅行，不得不暫借居於良豐物理研究所宿舍中，暫爲休息，并整理前在港大講演之稿，以便付印，且可作還債之用。前已致函中央研究院及中英庚款會，商議暑假後行止。蓋照情理論，應商得其同意也。迄今尚未得復，似在未得答復前難作何決定。又兄與六嫂皆患心臟病，頗不能多受汽車震動。此次由廣州灣至桂林，乃乘舟泝流，故途中耽擱甚久。如全家遷樂山，恐乘車之期間過久，此應考慮者也。又由桂林至樂山，全家五人行李運費其數極鉅，恐不易籌。俞表弟〔二〕處已借一萬五千元，似不能再借。公家既已借墊三數萬元，更無再借之理，此又不能遽決者也。現已與中英庚款會及中央研究院商議，如能在廣西大學設一講座，便可暫居桂林，既可免跋涉之苦，又廣西生活費用較廉，似較再往他處爲便。至於一人獨往四川或雲南，兩處費用甚多，無論何等高級薪金，恐難足用。況至川或滇之川資，别須籌措耶。然中英庚款會究能設一講座於廣西大學及中央研究院允兄留桂與否（此次由港來川資研究院所出最多），尚不可知。但必俟得其答復方能決定。大約快函往返，亦在數星期後。武大聘教授自不能久懸，兄更無請其虛位以待之理，此爲目前實在情形。請轉告弘度兄，或即以此函與之一閲。若論兄弟可以相聚，老友得以會談，武大之約遠勝於他處，自不待言也。現所居在深山中，然頗熱，蚊蠅尤多，故睡眠不甚安，甚疲倦，不能多寫。匆此，即問

近好

八嫂七七想均安好。六嫂及流求等尚好〔三〕。

來函可寄桂林良豐科學館轉

兄寅（一九四二年）七月十六夕燈下

（先曾録自南京大學古典文獻研究所古典文獻研究（一九八九——一九九〇）陳寅恪先生遺札及佚詩。後蒙皮公亮先生提供手跡複印件，據以校讎。下同）

陳登恪　寅恪八弟，時在四川樂山武漢大學任教。

（一）弘度，劉永濟字。

（二）俞表弟，指俞大維。

（三）八嫂，登恪妻賀黔雲；七七，登恪子陳星照。六嫂，謂夫人唐篔；流求，寅恪長女。

二

八弟覽：兄之近況，詳致弘度兄函，因目眩疲極，不能多寫，故不另作書。此問

近好

寅附啓（一九四二年八月一日）（一）

以後來書寄桂林良豐科學館轉，更簡便。

（一）此函附於一九四二年八月一日致劉永濟函末，未再另署日期。

三

八弟覽：已接五哥來信，現在萍鄉，家人均安好。此函望交弘度兄。七月卅日電，昨日始收到。

寅（一九四二年）八月十九日

致劉永濟

一

弘度老兄先生左右：九死一生得至桂林，忽奉

手教，感激惶恐之至。下情已詳寄舍弟書中，請索觀便知。現居深山中清寫舊稿。龔璱人詩所謂「著書都爲稻粱謀」者，可嘆也！匆此奉復，敬頌

著祉，并祝

儷福

弟 寅恪拜啓（一九四二年）七月十六夕

撫五
孟實 先生〔一〕并乞致意。賜函乞寄桂林良豐科學館轉。

（先曾録自南京大學古典文獻研究所古典文獻研究〔一九八九——一九九〇〕陳寅恪先生遺札及佚詩。一、二、三、四函同。後蒙皮公亮先生提供手跡複印件，據以校讎。）

劉永濟（一八八七——一九六六）　字弘度，號誦帚，晚號知秋翁，湖南新寧人。時任武漢大學文學院院長。

〔二〕撫五，王星拱字；孟實，朱光潛字。

二

弘度老兄先生左右：前復一書由舍弟轉上，諒
兄已達覽。茲復奉
手教，盛意如此，感激之至。弟前居香港半年，每食不飽，後得接濟，始扶病就道，一時因脱離淪陷區域，獲返故國，精神興奮，勉强尚能成行。及沿途舟車勞頓，并旅舍喧鬧，歷二月之久，始抵良豐山中，稍事休息。豈意久勞之後，少息之餘，愈覺精神疲倦不堪，百病轉發，心跳不眠等症，漸次復見，又有瘰癧及目眩之病。似此情形，若再重振精神，扶病就道，受炎暑與公路汽車之震動，必致一達樂山即病不能興，何以能授課及接見學生？此不能不慮及者也。又置家桂林而身自赴川，兩地費用，

困難，尚不計也。

必難支給。內子久患心臟及子宮病，亦難隨弟入川。至近日，飛機無法可乘，汽車亦擁擠不堪，等等

自奉　惠書後，思慮數日，至夜不安眠，而終不敢決定，已略具前致舍弟函中，諒已呈覽。前日廣西大學接中英庚款會設一講座，授課每周三小時，而月薪頗不能敷此間月用之半數（桂林物價亦大漲，與重慶所差無幾），但迫於情勢，與其借籌川資供全家入川，而又病困不能即時授課，有負親友之期望，何如短期留桂不行，即以所借之川資移補日用，以俟日後元氣恢復再定行止，似較妥慎。思維至再，遂已允中英庚款會及西大之約。若以常理論，西大設備至陋，且并無正式之文科等，更非弟所應就，自不待論。有負我　良友，且負家人及己身，言之痛心。往讀陳簡齋詩，有「行到鄧州無腳力」之句，今日之桂林，即鄧州也。奈何奈何！惟有仰希

垂宥而已！　專此奉復，敬頌

著祉，并祝

儷福

弟　寅恪拜啓（一九四二年）八月一日

撫五、孟實先生乞代致意。[一]

〔一〕此函末空白處有王星拱批語「星拱閱，送還　弘度先生」。

三

弘度老兄先生：連奉

大作及與　撫五先生署名陷電，感佩之至。又接舍弟一函，更得知其詳。弟此次歸國頗承親友慰問，然情意之懇切，未有如

老兄及武大諸公者，令人感激涕下，此生所不能或忘者也。前已奉復一函，略陳所以不得不暫就廣西大學中英庚款講座之苦衷，想蒙曲宥。以弟目前病體之不能耐汽車之震動，固不能不滯留於桂林。（飛機亦無法可乘，行李亦難托人代運，近已無汽油車，由金城江至貴陽須五日，而且無覆蔽之車篷，軍事機關及資源（委員）會車皆如此，交通困難大非昔比矣。）即以人事關係言，若能入川，勢亦不得不至李莊，此中委曲不能函盡。弟之所以就中英庚款講座者，以其較有流動性質，將來或可移於其他大學，實爲預作入川地步。此間不宜久居，實亦籌慮及之，特一時迫於事勢不能不如此。然坐此深負

老兄及諸公盛意，眞歉疚至極也。匆此奉復，順候

暑祉，并祝
儷福

撫五、孟實諸先生均乞代致意。

弟 寅恪拜（一九四二年）八月十九日

四

弘度老兄先生左右：奉九月九日

惠書，感激之至。弟之暫留桂林，其原因非面談不能詳。除病體不耐旅行爲 兄所深悉外，尚有其他種種。若此行遠入川而不至李莊，必召致人事上之紛紜。（因其地氣候及環境甚不宜，弟已詳知，而主其事〔者〕深諱言之。）當此世界國家危亂之際，惹此無謂之争執，殊不值得，故必避免之，此其一。

内子自到桂後，心臟有衰弱之兆，時發熱寒噤，弟不欲使之再歷途程（伊極願即入蜀，與孟眞油印之函所言適相反。不欲遽入蜀者，弟一人之主張也），又不忍捨之於桂，一人獨行，此其二。

弟廿年來所擬著述而未成之稿，悉在安南遺失。中有蒙古源流注，係依據其蒙滿文諸本，并參稽其所出之西藏原書四庫提要所謂咖喇卜經等者，考訂其得失。與沈乙庵書大異[一]。後聞伯希和在庫倫獲元秘史元本，故欲俟其刊佈，再有所增删。用力雖勤而原書價值頗不高，今稿既失去，亦不復談論此事矣。

又有世説新書注，主旨在考釋魏晉清談及糾補劉注之疏失。

又有五代史記注，其體裁與彭、劉舊注不同，宗趣亦别，意在考釋永叔議論之根據，北宋思想史之一片斷也。

又凡佛教經典之存於梵文者，與藏譯及中譯合校，凡譯匠之得失，元本之如何（今梵本亦非盡善本，有不及譯本所依據者。又其所據之本，亦有與今不同者。其異同得失，皆略能窺知）列於校記。今雖失去，將來必有爲之者。又鋼和泰逝後，弟復苦其繁瑣，亦不敢涉及此事。但有巴利文長老尼詩偈一部，中文無全譯本，間散見於阿含經。鋼君不甚精巴利文，在北平時未與詳校。弟前居柏林時，從德名家受讀，頗喜婦人入道之時（詩？），哀而不怨，深契詩經之旨。然俱是西曆紀元前作品，尤爲可貴。欲集中文舊譯并補譯及解釋其詩，亦俱失去。

所餘者僅不經意之石印舊唐書及通典二種，置於别篋，故幸存。於書眉之上，略有批注。前歲在昆明，即依通典批注，草成隋唐制度淵源論，已付商務書館刊印。稿在上海，久不見刊出。自太平洋戰起，滬稿迄無消息，不知存佚如何？ 去歲居港，又取舊唐書上之批注，草成唐代政治史一書。此次冒險攜出，急欲寫清付印。蓋中年精力殫竭，絶無成效，所餘不經意之賸餘一種，若復不及身寫成（弟字太潦草，非親寫不可），則後悔莫及。敝帚自珍，固未免可笑。而文字結習與生俱來，必欲於未死之前稍留一二痕迹以自作紀念者也，此其三。

弟抵鄉間後，無避空襲之苦，生活稍安。而家人多病，亦頗爲累。舍弟之病，不知究竟全愈否，懸念不已。武大舊識甚多，不及一一通訊，晤時希代爲致意。匆此奉復，敬頌

儷祉，并祝

潭福

弟 寅恪拜啓（一九四二年）九月廿三日

〔一〕乙庵，沈曾植號，著有蒙古源流箋證。

五

弘度兄左右：久未箋候，甚歉。數月前聞唐長孺君言，兄近日不下樓，豈行走不便耶？念念。前日接　吳雨僧兄函云，日内先到漢訪　兄，再來廣州。請轉告　雨兄，在漢上火車前二三日用電報（因郊區電報甚慢）告知何日何時乘第幾次車到穗。當命次女小彭（或〔其〕他友人）以小汽車往東站（即廣九站）迎接。因中大即嶺南舊址，遠在郊外，頗爲不便。到校可住中大招待所，用膳可在本校高級膳堂。小女在成都時年十餘歲，雨兄現在恐難辨認，故請在出站閘門處稍候，至要。專此敬請

暑安

弟　寅恪拜啓　六一年八月八日

雨僧兄均此。來電請寫「廣州中山大學東南區一號二樓陳寅恪」，以免延誤。

（吳學昭先生提供複印件）

致方豪

一

傑人先生撰席：

手示并大著[一]，敬讀訖。（第八頁「舊唐書卷五兵志云云」，想是「新唐書卷五十兵志」之筆誤。）先生與彦威[二]先生讀史精博如此，至爲欽服。北齊、隋、唐之胡俗，有一貫之關係，弟前於拙著隋唐制度論中論音樂章，略發之，惜此書已於前年交商務書館印刷，至今未見出版，想已淪陷於上海，無從呈

教，悵恨之至！耶律楚材紀念，似宜請陳援庵先生及邵循正、姚從吾先生作文，弟於蒙古史事，今不敢妄談矣。又移剌公之與丘長春之一段因緣，見於其著西遊錄。此書鈔自外國，傳本不廣，似可重印。（不知今别有印本否？）又其子雙溪醉隱集，龍氏據李仲約鈔本刻印，與原本略異。昔王静安先生[三]曾借文淵閣本校勘一過，雜置於北平清華普通書籍中，今亦散失。聞文瀾本四庫書歸浙大保

存，或可再校一過也。又弟前數年曾見一僞造晉卿所書畏兀吾字體條幅，可笑之至。并求轉告曉峯先生(四)。又陳樂素先生來函云：俟浙大寄到旅費即啓程，現想在途中矣。匆此奉復，順頌

道祉

弟寅恪頓首（一九四三年）一月六日

曉峯先生乞代候。

（録自臺北傳記文學第十七卷第四期方豪撰陳寅恪先生給我的兩封信。下同）

方　豪（一九一一——一九八〇）　字傑人，浙江杭州人。時在遵義浙江大學史地系任教。

(一)大著，指相偷戲與打簇戲來源考一文。

(二)彦威，繆鉞字。

(三)王静安，指王國維。

(四)曉峯，張其昀字，時在遵義浙江大學任史地系主任。

二

傑人先生道席：

手示敬悉。西遊錄弟所藏者，不知存亡，似北平有翻印本，可一詢否？又頤和園之耶律公墓，亦宜有一記載，如訪徐霞客故里一文之例。西遊錄之作，爲丘長春藉端招摇所引起，故耶律公與萬松老人之關係，及佛道二教之因緣，皆不可忽略。

公爲治中西交通史及宗教史專家，當有

高見也。樂素先生已到遵義否？甚念！甚念！曉峯先生處，希代致意。匆此奉復，敬頌

著祺

弟 寅恪頓首（一九四三年）二月十日〔一〕

賜示乞逕寄桂林良豐廣西大學。

〔一〕此函方豪文作十一月十日，有誤。因寅恪於一九四三年八月間已攜眷離桂入川，通訊處不應仍是桂林廣西大學。據影登原函手迹，當是二月十日。

致姚薇元

匆匆草此稿〔一〕，不知可用否。因無人鈔寫清楚，即以原稿呈教。如有看不明之處，尚希見示。專叩

薇元兄

教安

弟 寅恪頓首（一九四三年）四月廿九夕

（據姚薇元夫人回贈北朝胡姓考序文稿前附函鈔録）

姚薇元（一九〇五——一九八五） 安徽繁昌人。一九三六年畢業於清華大學研究院，畢業論文為北朝胡姓考。寅恪作序時，姚薇元任貴州大學歷史社會系教授。

〔一〕此稿，指北朝胡姓考序。

致潘公展

公展先生大鑒：奉勝一五三八號
手教，惶悚之至。民族先賢故事集叢刊中，自不可闕「唐太宗」一種。弟雖在學校講授唐史有年，而專攻此門者，人數本不甚多。……就前從受學諸友中，現在尚知其仍從事著述，可以信任者，似惟有羅香林君一人。羅君任職重慶，先生就近與之接洽，必有效果。羅君十年來，著述頗多，斐然可觀，自不用舊日教師從旁饒舌，以妨其獨立自由之意志也。如先生以鄙意爲然，則除與羅君接洽外，或即以此函交其一閱。如
先生以爲不適當，則或詢中央研究院歷史語言研究所長傅斯年君。傅君交游既廣，其意中必別有勝任愉快之選也。屢承
惠示，卒無以仰副
盛意，衷心慚懼，無可比喻，尚希
特別鑒原是幸。專此奉復，順頌
撰祉

陳寅恪拜復（一九四三年）六月十二日

（録自羅香林回憶陳寅恪師一文，并參考李玉梅先生所提供香港大學圖書館館藏書札之複印件）

潘公展（一八九五——一九七五） 原名有猷，字幹卿，號公展，浙江吴興人。時任中央圖書雜誌審查委員會主任委員兼勝利出版社社長。潘以出版社社長名義致函陳寅恪約請撰作，而陳則推薦羅香林擔任。

致繆鉞

彥威先生道席：讀
大作七律四首，敬佩之至，知
公於此道深矣。
尊著文學論曾於此間書肆見之，亦拜讀一過，非精於文、詩、詞如
公者不能作也。惜
賜寄之本尚未收到，豈郵局誤耶，抑燕大傳達之誤耶？以後如蒙
惠書，乞寄：成都華西壩廣益學舍四十五號，不由燕大轉交，當較妥也。敬叩
撰安

弟 寅恪拜復（一九四四年）八月廿五日
（繆鉞先生提供複印件）

繆　鉞（一九〇四——一九九五）字彥威。江蘇溧陽人。時任貴州遵義浙江大學教授。

致董作賓

一

彥堂先生左右：

大著病中匆匆拜讀一過，不朽之盛業，惟有合掌贊嘆而已。改正朔一端，爲前在昆明承教時所未及，尤覺精確新穎。冬至爲太陽至南回歸線之點，故後一月，即建丑月爲歲首，最與自然界相符合。其次爲包含冬至之建子月，周繼殷而以子月代丑月爲正月，亦與事理適合。若如傳統之說，夏在商前何以轉取寅月爲正月似難解釋。故周代文獻中，雖有以寅月爲正之實證，但是否果爲夏代所遺，猶有問題也。豳風七月詩中曆法不一致，極可注意，其「一之日」、「二之日」，是「一月之日」、「二月之日」之舊稱否？又與左傳孔子「火猶西流，司曆過也」參校，則疑以寅月爲正，乃民間歷久而誤失閏之通行曆法。遂「託古」而屬之夏歟？頭目眩暈，未能多寫。即希　校正，敬叩

著安，並祝潭福

弟　寅恪伏枕上言（一九四四年）十一月二十七日

諸友並乞代候。大稿奉還，乞查收。

（録自金明館叢稿二編及李玉梅先生提供董作賓殷曆譜附册中手跡複印件）

董作賓（一八九五——一九六三）　字彦堂，河南南陽人。時任中央研究院歷史語言研究所研究員。

二

彦堂吾兄左右：前得

惠函，并承以

大作見示，惜弟以目疾不能拜讀爲憾。抗戰八年，學術界著作當以

尊著爲第一部書，決無疑義也。

弟兹擬赴英療治目疾，有效與否殊不可必，亦不過聊盡人事而已。行期現尚未定，至遲大約不出今

年。李莊諸友均祈
代致意。
前曾函致濟之兄，懇其推薦蔣君大沂入所，并已將蔣君著作寄呈，惟尚未奉到復示，不知結果如何，
即請
代爲問詢賜復。（復示請逕寄：成都華西壩廣益路四十五號弟寓，不必更由燕大轉。）蔣君謹身力
學，他日如得入所，一切人事方面、治學方面均請
照拂指點，俾得有所成就。去國在邇，敢以奉託。敬請
著安

弟 寅恪謹啓（一九四五年）九月六日

此函託念和兄代筆，附致蕭綸徽兄一函，祈轉交，又及。

念和謹附筆敬候

彥堂先生前輩大安

（録自董作賓先生全集乙編）

致沈履 雷海宗

茀齋
伯倫 兩兄大鑒：

手書敬悉。內子及小女等前日乘機到京，但須待行李運到及休息病體後，再由海道赴平。大約恐在九月間。茲有懇者，前接清華派定住宅名單，現已遺失，有數點不甚明白，敬乞示知爲荷。如能將住宅名單及規則再賜寄一份，尤所感幸。

一、派定弟之住宅是否新南院五十二號？

二、派定弟之住宅是舊有者抑或新造者？

三、一家獨居抑或兩家合住者？

四、大約何時可以住人？

五、如係新造者有無衛生設備？

兄等究竟決定取何道赴平？如過南京，能一晤談，尤所感禱。專此敬請

儷安

月涵兄及諸友人均乞致意。

賜書請寄：南京薩家灣南祖師庵七號俞公館

弟　寅恪敬啓（一九四六年）八月九日

（録自清華大學檔案館館藏）

沈　履　字茀齋，時任清華大學秘書長。

雷海宗（一九〇二——一九六二）　字伯倫，河北永清人。時任清華大學歷史系教授兼系主任。

致鄭天挺

一

毅生先生史席：弟因目疾急需有人助理教學工作。前清華大學所聘徐高阮〔二〕君，本學年下學期方能就職。自十一月一日起擬暫請北京大學研究助教王永興君代理徐君職務，至徐君就職時止。如蒙　俯允，即希　賜覆爲荷。耑此順頌

著祺

弟　陳寅恪敬啓　三十五年（一九四六）十月卅日

（鄭克晟先生提供二函複印件）

鄭天挺（一八九九——一九八一）　原名慶甡，字毅生，福建長樂人。陳致鄭第一函時，鄭任北京大學史學系主任及北大秘書長。陳致鄭第二函時，鄭已調任南開大學歷史系教授兼系主任。

〔一〕徐高阮，一九三二年考入清華大學，頗受寅恪先生賞識。一九四八年三月十日寅恪曾為徐作徐高阮重刊洛陽伽藍記序一篇。然而徐高阮終未成為寅恪先生助手。

二

毅生先生左右：前年司徒〔一〕先生返津，曾託代致鄙意，想已早達
清聽。今奉　來電，感愧曷極。本當遵
命〔二〕，但以近數月來血壓較高，中大又即開課，故不能旅行，尚希
原宥是幸。小女美延新考入南開化學系，倘承
教誨尤感。專此奉復，敬請
教安

弟 寅恪敬上（一九五六年）八月三十日

石先
柳漪〔三〕諸先生均請代致意。
伯倫

〔一〕司徒先生，指司徒悦蘭，時任南開大學外語系教授。——鄭克晟注

〔二〕鄭天挺曾去電給寅恪先生，希陳老能來南開講學。——鄭克晟注

〔三〕石先即楊石先，南開大學副校長，後任校長。柳漪即馮文灊教授，時任南開圖書館館長。伯倫即雷海宗，時任南開大學歷史系教授。——鄭克晟注

致王力

了一兄左右：程君[一]現已入城，四時前恐不能返校。姑先將所知者奉告，以便於開會時討論。

一、民國卅六年十二月畢業於燕京大學中國文學系。畢業論文題爲「惲南田之研究」。

二、民國卅六年十二月任中央研究院歷史語言研究所第一組助理，至卅七年十二月止。此復，即頌

儷祉

弟　寅恪敬啓（一九四九年）六月二十日

（陸鍵東先生轉贈函件）

王力（一九〇〇——一九八六）字了一，廣西博白人。清華國學研究院畢業。時任嶺南大學文學院院長。

[一]程君，指程曦。

致葉企孫 吳晗

企孫
春晗兩兄同鑒：頃奉迥電囑令即返校任教，當即覆一電，其文云：因嶺大關係難即返，函詳。想已先此函達覽。電中所謂嶺大之關係者，即弟在嶺大其薪水係向華僑募捐而來，嶺大當事人曾向捐款人言，在此聘約期内弟不他往。故弟今夏受其一年聘約時，已同意此點，以免嶺大失信於人，此弟所以不能即返之最大原因也。又北地苦寒，煤炭火爐設備等等，耗費極鉅，值此時艱，北地此項禦寒工具，恐亦更難與昔比，弟性畏寒，兄等所夙知者也。又第二小女小彭，今夏已考入嶺大農學院，嶺南規章，每一學生之學雜等費，其數甚鉅，約合數百美元，惟教員子弟，可以優待。若弟一旦他去，小女又不能中途轉學，則亦頗困難，此等又其小原因也。遭此兵戈之際，累承諸友關念，感激之忱，何可言喻。實有苦衷，未能遵命即返，想亦能蒙鑒原者也。匆此奉覆，順頌
研祉

弟寅恪敬啓（一九四九年）十月二十五日

校中諸友芝生 伯倫 心恒 一良 永興[一]兄等均此不另，或即以此函交其一閱。

賜示請寄：嶺南大學東南區十二號

（葉銘漢先生提供複印件）

葉企孫（一八九八——一九七七）　上海人。解放初，任清華大學校務委員會主任委員。

吳　晗（一九〇九——一九六九）　原名春晗，字辰伯，浙江義烏人。解放初，任清華大學校務委員會副主任委員、文學院院長、歷史系主任。

[一]由右至左，依次是：馮友蘭、雷海宗、邵循正、周一良、王永興。

致李思純

哲生先生左右：

惠書及大作誦悉，弟近來依舊作詩文自遣。文已將元白詩箋證稿一書付印，以再遲則無出版之機會故也。詩則錄最近一首呈教如下：

庚寅廣州七夕作

嶺樹高樓暗碧霄，柳州今夕倍無憀。金甌已缺雲邊月，銀漢猶通海上潮。領略新涼驚骨透，流傳故事總魂銷。人間自誤佳期了，更有佳期莫怨遥。

嶺南大學文史之學自不必談。已不獨嶺南如此，全國皆如是也。弟在此亦不過藉以寄命而已，亦未必能久也。足下中大友人已斥去矣。聞人言出蜀頗不易，須申請。遠道傳聞未知確否？成都友人請代致意。匆覆。順頌

吟祉

弟 寅恪敬啓 一九五〇年九月十四日

（録自學術集林第十三期，李德琬記陳寅恪遺墨一文）

李思純（一八九三——一九六〇）字哲生，四川成都人，一九二一年與寅恪在德國柏林大學讀書時相識，相交近四十年。時任四川大學教授。

致吴宓

一

雨僧兄左右：昨日讀兄致高棣華夫人、程仲炎兄[一]書，甚念。弟交陳永齡兄兩萬元作爲奠儀[二]，聊表微意而已。唐稚松君函及詩均佳，信是美才也。嶺大情形亦與蜀中相似，弟教書生活恐只有一年矣。現已將拙著元白詩箋證稿約十六萬字十一月底出版。當寄呈一部求教，并作爲紀念。因以後此等書恐無出版之機會故也。兒女英雄傳第三十回「敦古誼集腋報師門」，今日四海困窮，有財力足以濟人之急者皆已遠走高飛，而儒林外史中作八股之徒觸處皆是。吾輩之困苦，精神、肉體兩方面有加無已，自不待言矣。

前報載有整理紅樓夢之說，豈以此事屬之於兄而致傳聞之誤耶，可笑。李哲生[三]前來函，欲在廣東謀事，蓋未知廣州情形之故。前寄金蜜公一信中有近作一首，未知蜜公轉寄上否。兹再附錄於下，若遇邵潭秋君[四]，請便中交與一閱。邵君近寄庚寅七夕詩十二首，未能奉和也。專此敬叩

著安

寅恪敬啓（一九五〇年）九月十八日

庚寅廣州七夕

嶺樹遮樓暗碧霄，柳州今夕倍無憀。金甌已缺雲邊月，銀漢猶通海上潮。領略新涼驚骨透，流傳故事總魂銷。人間自誤佳期了，更有佳期莫怨遥。

（吴學昭先生提供複印件。下同）

吴宓（一八九四——一九七八）字雨僧，陝西涇陽人。與寅恪留學美國哈佛大學時認識，在清華、西南聯大、燕京等大學共事十餘年，相知極深。吴時任重慶大學教授。一九五二年院系調整，調任西南師範學院教授。

[一]高棣華，時任嶺南大學外語系教師，嶺南大學工學院院長陳永齡夫人。程曦字仲炎，時任嶺大中文系教師，寅恪先

生助手。

〔二〕時吴宓新遭父喪。

〔三〕李哲生即李思純，時執教四川大學。

〔四〕邵潭秋即邵祖平，時執教重慶大學。

二

雨僧兄左右：七月卅日來書，頃收到，敬悉。因争取時間速復此函，諸事條列於下：

一、到廣州火車若在日間，可在火車站（東站即廣九站）僱郊區三輪車，直達河南康樂中山大學，可入校門到大鐘樓前東南區一號弟家門口下車。車費大約不超過二元（一元六角以上）。若搭〔一〕公共汽車，則須在海珠廣場换車。火車站只有七路車，還須换十四路車來中山大學。故搭公路車十分不方便。外來旅客頗難搭也。若搭三輪車，也要排隊，必須排在郊區一行，則較優先搭到。故由武漢搭火車時，應擇日間到達廣州者爲便。嶺南大學已改稱中山大學。

二、弟家因人多，難覓下榻處。擬代　兄别尋一處。兄帶米票每日七兩，似可供兩餐用，早餐弟當别購鷄蛋奉贈，或無問題。冼玉清教授已往遊峨嵋矣。

三、弟及内子近來身體皆多病，照顧亦虛有其名，營養不足，俟面談。

四、若火車在夜間十一點到廣州，則極不便。旅店由組織分配，極苦。又中大校門在下午六點以後，客人通常不能入校門。現在廣州是雨季，請注意。夜間頗涼。敬請

行安

弟 寅恪敬啓 六一年八月四號下午五點半

〔一〕原函「搭」，筆誤作「達」。

致蔣天樞

一〔一〕

一九五三年十月廿二日就所鈔得者輯成此目。所注年月，曾載各期刊者著出版時期，其未發表之作著寫成時期。所遺漏者，俟續搜得補錄。此目寫成後之次日，接到荷珍〔二〕代鈔東洋史研究二卷二期中小野川秀美所編目錄，除誤收之一篇外，并未能有所增補。其篇目上加墨點者，該目中所無。

蔣天樞（一九〇三——一九八八） 字秉南，江蘇豐縣人。清華國學研究院畢業。一九四三年起任復旦大學中文系教授。一九五三年開始，受寅恪重託，出版陳寅恪文集工作。寅恪贈蔣秉南詩句有云：「擬就罪言盈百萬，藏山付託不須辭」，足見師生情誼之深。自受命以來，殫心竭力，不負所託，為陳寅恪文集的出版，作出了鉅大的貢獻。正當繼續收集補充整理先師其他遺著之際，不幸患腦溢血病，於一九八八年夏與世長辭。

〔一〕右録為寅恪與蔣天樞討論陳寅恪文集編目問題函件片段，由唐篔代筆。蔣天樞手跡之信函片段，亦是討論「編目」問題者，現一併附録於後。時間均約在一九五三年十一月前後。

凡篇目上加朱圈者，皆師所已有。其中敦煌石室寫經題記彙編序一篇，生帶來，俟另鈔寄奉。擬乘暇就此目再鈔一份分類目録，遵師意，畧分：論史、論佛藏、論文、論語言，及有關論學指要，或有所感興之序跋，共為五類，如

師尚有所指示，暇乞示知。

〔二〕荷珍，即周荷珍，清華大學畢業。

一二〔一〕

楊霽同治四年探花。漢軍正紅旗人，曾任廣東潮州惠州知府。不知八旗通志有無楊氏先代事蹟？聞合衆圖書館藏有鄉試、會試中式者刊印闈墨卷子。其中附載本人家世，甚有考證價值。請

查有無楊卷？

盛昱八旗文經

〔二〕右録為寅恪請蔣天樞代查楊霽先代事蹟之信函片段，由唐篔代筆，時間約為一九五四年。

三

二、有一事久忘告

兄，即去年安南華僑彭禹銘君來，言其家住西貢，曾在海防搜買舊書，得到弟當年遺失之新五代史批注本兩册（竹簡齋石印本全書只兩本）。現因不能寄出，故尚在其家。弟當日取歐史與六一居士集及續資治通鑑長編互勘，李書未注，卷帙又繁，故未隨身携帶。六一居士集及集古録，乃用萬有文庫小本，所注頗多。彭君未收到此書。此時西貢一帶秩序甚壞，彭君家中雖有人看守，亦恐有遺失。又有梁秩風君，買得弟遺失箱中之論衡一部，此書不過當時爲填塞箱子起見，偶爾放置其中，實非欲帶此書也。當日兩書箱中中文及古代東方文書籍及拓本、照片幾全部喪失。此時身邊舊箱中原物，僅餘填補空隙不足輕重之論衡一種，可嘆也。敬請

教安

寅恪（一九五五年）六月一日

（蔣天樞先生惠贈原件。第一頁蔣未保存）

四[一]

……弟前書言安南華僑彭禹銘君買得弟當年遺失之新五代史批注本，不料昨日接清華舊時畢業生梁君來函[二]，附寄一覽。并請兄保存，附於弟著作目錄後，留作備考資料。黄梨洲批錢牧齋詩「看場神鬼坐人頭」以爲是火神，雖甚可笑，然弟往年輓王觀堂先生七律有句云：「吾儕所學關天意，並世相知妒道眞。」豈知果爲今日讖耶！

（一九五五年）

（蔣天樞先生惠贈原件）

[一]先生將梁原信寄示時，并有書，惜僅存黏貼之其中一段而已。——蔣天樞注

[二]梁秩風君來函節録：「日昨彭先生到訪，袖示家書，縷述越南去月戰況，兵火所及，萬家已成瓦礫之場。尤可惜者，彭先生積聚古籍數千卷，盡付一炬。而　先生之史本，同為劫灰。承諾有心，歸璧無路，徒負　先生殷殷期望，恨不能如願以償。」

致郭沫若[一]

沫若先生左右：一九五四年一月十六日

手示敬悉。尊意殷拳，自當勉副。寅恪現仍從事於史學之研究及著述，將來如有需要及稍獲

成績，應即隨時函告并求教正也。專此奉復，敬頌

著祺

陳寅恪敬啓 一九五四年一月廿三日

（録自蔣天樞撰陳寅恪先生編年事輯頁一四六）

郭沫若（一八九二——一九七八） 四川樂山人，時任中國科學院院長。

[一]此信據師母（唐篔）手寫底稿。以復信時間計，疑與明年春迎先生去京事有關。惜未見郭原信，無由推知其詳。——蔣天樞注

致唐長孺

長孺先生左右：今日奉到

來示并　大著〔一〕。寅恪於時賢論史之文多不敢苟同，獨誦

尊作輒爲心折。前數歲曾託　令妹季雍女士及　金君克木轉達欽服之意，想早塵

清聽矣。寅恪壯不如人，老更健忘，復以閉門造車之學不希强合於當世。近數年來僅爲諸生講釋唐

詩，聊用此餬口。所研者大抵爲明清間人詩詞及地方志乘之書，而舊時所授之課，即

尊著所論之範圍，其材料日益疏遠，故恐詳繹

大著之後，亦止有嘆賞而不能有所質疑承

教也。舊作從史實論切韻一册附呈，藉博

一笑。專此復謝，敬頌

著祉

寅恪敬啓（一九五五年）九月十九日

（録自唐剛卯先生提供複印件）

唐長孺（一九一一——一九九四）　江蘇吴江人。時任武漢大學教授。

〔一〕據讀書雜誌一九九七年三月號金克木「陳寅恪遺札後記」一文，「大著」指唐長孺魏晉南北朝史論叢（三聯書店一九五五年七月出版）。寅恪復函是一九五五年九月十九日。

致劉銘恕

銘恕兄左右：頃讀

大作(一)，甚佩。弟昔年曾作禪宗傳法偈一文，引及續高僧傳遁倫傳。後知有友人在倫敦鈔出遁倫語錄，載入其私人日記中，未發表。今請我兄在此顯微影片中一查。又唐玄奘詩，亦見過。（當是僞作。）便中請并鈔示爲荷。倫敦印度部藏有西藏文卷子，其有關歷史者，已陸續在法國亞細亞學報發表。但尚有可貴材料，如能照中文卷子例，求得一全部顯微影片，則大妙矣。先請兄一問科學院圖書館負責同志，不知用何種手續，可以辦到？如事勢簡便，則擬建議有關當局也。弟近年仍從事著述，然已捐棄故技，用新方法，新材料，爲一游戲試驗（明清閒詩詞，及方志筆記等）。固不同於乾嘉考據之舊規，亦更非太史公冲虛眞人之新説。所苦者衰疾日增，或作或輟，不知能否成篇，奉教於君子耳。敬請

著安，令兄并候。

弟　寅恪上（一九五七年）二月六日

（録自敦煌語言文學研究通訊一九八八年第一期，劉銘恕「憶陳寅恪先生」）

劉銘恕（一九一一——二〇〇〇） 河南淮濱人。 劉盼遂弟，鄭州大學歷史系教授。 時任職中國科學院圖書館，從事斯坦因刼經録編撰工作。

〔二〕大作，指英國博物院所藏的卷子一文，刊於一九五七年中國科學院圖書館通訊第一期。

致劉祖霞

嘯秋先生左右：不通音問幾三十年，忽奉

手書并大作〔一〕，感佩，感佩。弟雙目失明已十六年，現居中山大學，聊以著述自娛，殊不足爲外人道也。內子患心臟病頗重，長女流求現在成都醫院任職，次女小彭任中大生物系助教，三女美延肄業上海復旦大學化學系，今夏可卒業，并以附聞。茲錄小詩一首〔二〕，即希　教正，且可見弟之近狀也。專復，敬頌

吟祉

弟　寅恪敬啓六一年六月十二日

丁酉首夏贛劇團來校演唱「牡丹對藥」「梁祝因緣」戲題一詩

金樓玉茗了生涯，年來頗喜小說戲曲。梁祝事始見於蕭七符書也。老去風情歲歲差。細雨競鳴秦吉了，故園新放洛陽花。相逢南國能傾國，不信仙家果出家。共入臨川夢中夢，聞歌一笑似京華。

題王觀堂人間詞及人間詞話新刊本

世運如潮又一時，文章得失更能知。沈湘哀郢都陳蹟，賸語人間絶妙詞。

聽演桂劇改編桃花扇劇中香君沈江而死與孔氏原本異亦與京劇改本不同也

興亡遺事又重陳，北里南朝恨未申。桂苑舊傳天上曲，桃花新寫扇頭春。是非誰定千秋史，哀樂終傷百歲身。鐵鎖長江東注水，年年流涙送香塵。

（録自何廣棪陳寅恪遺詩述釋）

劉祖霞　字嘯秋，江西萍鄉人。日本九州帝國大學醫學博士。任清華大學校醫時與寅恪相熟。曾任中山大學醫學院教授、院長。中華人民共和國成立前移居南洋。

〔一〕信中所指「大作」是劉祖霞所著椰風集，一九五九年出版。——何廣棪注

〔二〕其實共三首。——何廣棪注

致牟潤孫[一]

數月前奉到

大著，「烏臺」正學兼而有之。甚佩，甚佩！近年失明斷腿，不復能聽讀。敬請以後不必再寄書

爲感。敬頌

教祺

湯雲敬啓一九六六年十一月廿一日

北郊兄

嫂處乞代致意。

（録自香港明報月刊第七卷第二期牟潤孫撰讀陳寅恪先生論集所附影印原函。寅恪以湯雲署名，由唐篔代筆）

牟潤孫（一九〇七——一九八八） 山東福山人。一九三二年畢業於燕京國學研究所，獲碩士學位。一九六

六年時任香港中文大學新亞書院教授。

〔二〕牟潤孫一九七二年元月八日附記：「一九六六年八九月間，我寄了一册魏晉以後崇尚詭辯之由來及其影響給陳寅恪先生，後來就得到這封信。「烏臺」是御史臺，借以指史學。正學，正統之學，即經學。北郊為徐君伯郊，諧音也。另外又託人打電話給我，説千萬不要再去信，并請轉告伯郊不要再寄東西或藥品。我才知道寅老在當時的遭遇，後悔莫及，數年來珍重地保存這封信，以為紀念。今日檢出重讀，百感交集。懺悔之外更有知音難遇之感。」

致梁綺誠

梁主任：因爲我所患的病是慢性病，一時不能痊愈，而一時又不能就死，積年累月政府負擔太多，心中極爲不安，所以我現在請求您批准下列各點：

一、從一九六六年八月一日起，一切我經常所需用的藥品皆由我全部自費。一部分藥丸可在市内自己購買。另一部分如水劑藥——「稀鹽酸」、「必先」、「薄荷水」、「灰溴」以及本校有的安眠藥等又（如急需藥品一時買不到者）均請仍由保健室供給但全部自費。

二、消毒物件指紗布棉簽等物仍由保健室代爲消毒。請斟量收費。此致

敬禮

陳寅恪敬啓（印章）一九六六年七月三十日

（原信存中山大學檔案館，唐筼代筆）

梁綺誠　時任中山大學衛生保健室主任。

致廣東省委文化革命駐中山大學工作隊

省委文化革命工作隊負責同志：我的愛人陳寅恪因爲雙目失明，腿骨折斷，又患腸胃心臟等病，所以我代他寫此信，面交聲明下列各點，請加注意是幸。

一、他因骨折長期卧床，年來多次患下部濕疹症，經由中山二院皮膚科醫生屢次來診，開有醫囑多張，署名簽字者有廖適生院長、李松初教授、何玉瓊（女）講師等爲證。可以查驗。醫囑中要護士依照醫生所指示的方法處理，即冲洗陰囊、上藥、光照等方法，并非陳寅恪有意污辱護士。并且多數冲洗時亦有筲從旁助理，前留醫二院時也是如此護理，二院有病歷可查。

二、一九六三年一月中由人事科長張春波送來三百元，本不願接受，後送還各處不收，最後由朱錦儒科長批「此款暫不處理」字樣。現在只好等待運動結束後再送還。財務科誤指捐助陳六百元一事，前曾奉函聲明，想已蒙察鑒。

三、有人出大字報説「陳寅恪非外國藥不吃」等，殊與事實不合。大多數藥物皆本國產品，只有少數進口藥品是醫生所處方的。至於高單位（非常服）維生素類及水解蛋白等皆係自備，或朋友所贈送者。最珍貴一種藥品（Nilevar）也是由醫生處方，是陶鑄副總理贈送的。并不常服。每年冬季始服一段時間。海關稅自當償還(以前不知)。

四、中大農場產品由學校指示送來食品等，并非是我們自己去要的，而是他們自動送來的，分量也是由他們分配的，付款也不是我們親自去付的。故無簽字收據。食物表内所列品類及數量皆有出入。如果大家賠償時，我們自當設法照數賠出。

總而言之，陳寅恪的每日飲食，所服藥物等也歡迎有同志來實地調查，以明眞相。不勝感幸之至！此致

敬禮

唐篔敬啓(唐篔印章)(陳寅恪印章)一九六六年八月六日

(原信存中山大學檔案館。唐篔署名，實為代陳寅恪所寫，信末亦蓋有陳寅恪印章，應視作陳寅恪書信。信函有少數簡體字，為統一起見，已作繁體字抄録。)

編後記

寅恪先生的書信，都是隨手寫成付寄，向無存稿。現在收集到的書信，其來源：一是寅恪先生生前友朋或其後人惠贈原函或提供複印件或鈔件。陳述先生保存寅恪書信三十封，是個人保存最多者，陳述先生於生前曾將所存之原函複印惠贈。清華大學檔案館特准從檔案中將寅恪書信鈔録。廣東省中山圖書館特藏部特准將所藏寅恪書信鈔録并提供原函影印件。臺灣中央研究院歷史語言研究所王汎森先生惠贈傅斯年來往書信選陳寅恪部分打印本及第二次寄來「陳寅恪未刊書信」打印件，第三次寄來原函複印件（三次共七十五件）。對於提供幫助的個人和單位，均表示衷心感謝！二是録自刊登在書刊報章上的書信。目前收集到的合計有二百三十通，其中有部分屬首次發表。寅恪先生的書信當然不只此數，日後如有所獲，再作補充。我們懇請個人或單位如能提供函件或綫索，以補本書所缺，實不勝感盼之至。

本書信集的收集，原件、複印件或鈔件，由陳氏姊妹蒐集，見於書刊報章者為中山大學圖書館陳寅恪紀念室所藏，編緝工作亦由陳氏姊妹及中山大學圖書館陳寅恪紀念室劉少雄先生共同進行。我們雖黽勉從事，但由於水平所限，難免有錯漏之處，敬祈閱者指正。

編　者　一九九九年四月

陳寅恪集後記

我們從小就知道全家最寶貴的東西是父親的文稿。從抗戰逃難直至「文化大革命」，父親文稿都是用全家最好的箱子裝載，家人呼之為「文稿箱」。避日軍空襲時，首先要帶的就是「文稿箱」。出版父親文集自然是父母，也是我們姐妹最大心願。

父親一生坎坷，抗日烽火中，顛沛流離，生活窘迫，雙目失明，暮年骨折卧床，更經痛苦。然而無論世道變換，病殘齊至，始終未曾間斷學術創作。而父親為學一貫堅持「獨立之精神，自由之思想」，「未嘗侮食自矜，曲學阿世」。如今父親全集出版，學界儻能於研究父親著述時，更知父親此種精神之所在，則為我們姐妹辛勞的最高報償。

一九六二年胡喬木同志來訪，談及文稿，父親直言：「蓋棺有期，出版無日。」胡答：「出版有期，蓋棺尚遠。」父親聽了很高興，以為有望見到文集面世。豈知「文化大革命」開始，父母備受摧殘，蒼涼離世，終未能見到陳集出版。父親生前已將出版文稿重任託付於弟子蔣天樞先生，不料文稿在「文革」中竟被洗劫一空，片紙不留。「文革」結束後，我們姐妹將歷經曲折於一九七八年五月追回的父親文稿，送交蔣天樞先生。蔣先生沒有辜負父親囑託，付出艱巨勞動，於一九八〇年主持出版了陳寅恪文集，由上海古籍出版社刊行，這只是父親文字的一部分。一九八八年六月，蔣天樞先生不幸突然病逝，於是我們姐妹繼續收集整理父親的文字。

現在出版的陳寅恪集，是在上海古籍出版社所刊印之陳寅恪文集基礎上進行的，增加了陳寅恪詩集（附唐篔詩存）、書信集、讀書札記一集（舊新唐書之部）、二集（史記、漢書、晉書、唐人小說等之部）、三集（高僧傳之部），並講義及雜稿（兩晉南北朝史講義、唐史講義、備課筆記、論文、講話、評語、聽課筆記等）。一九八〇年出版的寒柳堂集，金明館叢稿初編、二編，隋唐制度淵源略論稿，唐代政治史述論稿，元白詩箋證稿，柳如是別傳諸集，此次出版時作了校對，除寒柳堂集中詩存併入詩集，寒柳堂記夢未定稿據一九八七年六月收回的殘稿作了校補外，其餘編排均不作變動，因父親生前託付蔣天樞先生代為出版文集過程中已親自審定文集編目及有關事宜，故仍按父親原意進行。而此次刊行全集所增補之內容，則是期望從不同角度反映父親的學術生涯。

父親的文稿墨跡命運亦如其人，頻遭劫難，面世困難。抗戰時已遺失了多箱撰有眉識的書籍，其中有的被戰火焚燬，有的在運輸途中被盜，或存放親友處丟失，現下落不明，難覓其蹤。這些皆為父親「廿年來所擬著述而未成之稿」，如蒙古源流注、世說新語注、五代史記注、佛教經典之存於梵文者與藏譯及中譯合校、巴利文長老尼詩偈集中文舊譯並補譯及解釋其詩等等（見一九四二年九月廿三日父親致劉永濟信）。而父親晚年整理就緒準備出版的文稿，於「文革」中全被查抄，「文革」過去撥亂反正後，雖於一九七八年五月及一九八七年六月兩次收回詩文稿，但仍未全部歸還。即便抗戰勝利後在清華大學授課、研究之講義、資料等，亦未曾得見。總之，散落在各處的文字，迄今尚有部分未能獲見。這次刊印父親文集，因其為目前所收集之最全者而拟名「陳寅恪全集」，轉又考慮到其實並不能「全」，故稱「陳寅恪集」。

此次父親遺作付梓，三聯書店非常重視，投入很大力量以保證質量；同時我們得到父母親朋故舊，海內外學者弟子，我們姐妹的友人以及相識或不相識的各界人士支持幫助。首先感謝蔣天樞先生一九八〇年於上海古籍出版社主持出版了陳寅恪文集，黃萱先生協助蔣先生做了不少工作。校補寒柳堂記夢未定稿及參與輯錄並審閱讀書札記等多位先生亦於此一併致謝。在我們收集父母詩文書信資料過程中，劉節先生的夫人錢澄女士，華忱之先生等將珍藏了多年「文革」劫後幸存的父親書函贈送，各種支持幫助不勝枚舉，難以一一敬列，在此謹向一切參與、推動、幫助、支持出版陳寅恪集的人士表示衷心感謝。

歷經十年的艱難曲折，陳寅恪集終於面世，當此之時，我們百感交集，真不知何以表述其經過於萬一。出版陳集為中外學者深望，此書之所以遲至今日方能面世，其間有許多我們始料未及的困擾，於此無需細述。而今陳集業已付印，我們希望以此集告慰逝去的父母，父親自謂「文字結習與生俱來，必欲於未死之前稍留一二痕跡以自作紀念」，他於「賸有文章供笑罵」之時，尚望「後世相知儻破顏」。我們更希望將父親的這些文字，作為祖國文化遺產，獻給後世相知。

陳流求
陳美延 謹述　一九九九年七月三日父親誕生一百零九週年

陳寅恪集再版説明

三聯書店出版的陳寅恪集十三種十四册，自二〇〇一年一月至二〇〇二年五月面世後，時逾八載。現藉再版重印的機會我們做了少量校勘修訂工作，如：糾正個别誤字、圖片説明；唐代政治史述論稿對照手寫本唐代政治史略稿，個别詞句作了變動；略增改書信集、詩集中的某些注釋；更正書信集中致傅斯年、致胡適、致聞宥少數函件的時間認定，編排順序也相應有所變動。但未及增補近年來新發現的一些陳寅恪信札、詩作，亦屬憾事。

在此，特向熱心提供資料及指出陳寅恪集中訛誤的讀者朋友，致以衷心謝忱！並希望此次再版重印後仍一如既往得到大家的支持和幫助。

陳流求
陳美延
二〇〇九年四月